Nikolaï Kondratiev

Les cycles longs de l'économie

1926

Préfacé et complété
par Thomas Andrieu

JDH Éditions

Les Atemporels

Les Atemporels

Qu'il s'agisse d'œuvres du vingtième siècle, du dix-neuvième, du dix-huitième ou encore plus tôt…

Qu'il s'agisse d'essais, de récits, de romans, de pamphlets…

Ces œuvres ont marqué leur époque, leur contexte social, et elles sont encore structurantes dans la pensée et la société aujourd'hui.

La collection « Les Atemporels » de JDH Éditions réunit un choix de ces œuvres qui ne vieillissent pas, qui ont une date de publication (indiquée sur la couverture), mais pas de date de péremption. Car elles seront encore lues et relues dans un siècle.

La plupart de ces atemporels sont préfacés par un auteur ou un penseur contemporain.

© 2023. Edico
Éditions : JDH Éditions pour Edico
77600 Bussy-Saint-Georges
Imprimé par BoD – Books on Demand, Norderstedt, Allemagne

Préface et traduction : Thomas Andrieu

Conception couverture : Cynthia Skorupa

ISBN : 978-2-38127-340-2
ISSN : 2681-7616
Dépôt légal : septembre 2023

« *Il n'y en a que quelques-uns qui refusent, et leur sort est terrible. Je suis l'un d'entre eux, et ma situation est pire que celle de n'importe qui d'autre. Maintenant, ils m'ont privé de tout mon travail.* »

Lettre secrète de Nikolaï Kondratiev envoyée à son ami Pitirim Sorokin peu de temps avant son arrestation à l'été 1930.

« *Kondratiev, Groman et quelques canailles doivent être abattus.* »

Lettre de Joseph Staline à Molotov, août 1930.

« *1851 et 1895 étaient les années de prédominance ou de grands minima, marquant le début de longues hausses de la plupart des facteurs (et de longues baisses dans les facteurs inversés comme les cotations de titres à taux fixe), tandis que 1810, 1873 et 1920 étaient des années de prédominance ou de grands maxima [...]* »

Descriptions prémonitoires de Joseph Kitchin en 1923 sur l'existence de cycles longs, *Cycles et tendances économiques* (1923).

L'ouvrage originel de Nikolaï Kondratiev a été publié en allemand (*Die langen Wellen der Konjunktur [Les vagues longues de l'économie]*, 1926). Cet ouvrage a ensuite été traduit et adapté par W.F. Stopler dans la célèbre *Review of Economics and Statistics* en novembre 1935. Ce dernier document étant incomplet, nous avons croisé les sources pour rendre une image, la plus fidèle possible, de l'ouvrage original.

Préface par Thomas Andrieu

Il est rare de dénombrer des économistes morts pour leurs idées, mais Nikolaï Dmitrievitch Kondratiev est de ceux-là ! … De ces héros assidus, de ces génies impérieux, si rares aujourd'hui.

En cette journée du 17 septembre 1938, à l'âge de 46 ans, celui qui fut un des plus grands économistes du pays apprend sa condamnation à mort. Dans sa dernière lettre adressée à sa fille le 31 septembre 1938, il écrivait : « *J'aimerais beaucoup, beaucoup te voir et t'embrasser beaucoup, beaucoup de fois […] lis de bons livres […]* » Sur le terrain de tir du NKVD, ce camp de « *purge* » de la police secrète, il se tient droit, prêt, et sûrement songeur à sa famille, et qui sait, peut-être à son œuvre… On met en joue les fusils. L'effroi retend. Il s'éteint sur ce sol soviétique, à une trentaine de kilomètres de Moscou. Plus qu'un père de famille, c'est toute une branche de la science économique la plus brillante qu'on a brusquement fusillée ce jour de septembre 1938…

Nikolaï Kondratiev est venu dans la pensée économique plus de 60 ans après le Français Clément Juglar (1819-1905), et seulement quelques années après le Britannique Joseph Kitchin (1861-1932). L'œuvre de Nikolaï Kondratiev n'est pas seulement d'avoir été l'aboutissement de plus d'un demi-siècle de réflexion sur les cycles économiques, c'est la découverte de la nature profondément *fractale* des cycles humains. Mais cela, il ne le savait pas encore, et il faudra attendre six décennies de plus. Bien sûr, Nikolaï Kondratiev ne manqua pas de prévoir l'effondrement du prix des matières premières dans les années 1930, tout comme Joseph Kitchin avait identifié précisément les dates présentant des risques de récession.

L'enjeu de l'étude des cycles de Nikolaï Kondratiev est aujourd'hui considérable, et plus nécessaire que jamais. Ce que Joseph Schumpeter nomma plus tard comme le cycle-K, ce sont des cycles longs d'une durée comprise entre 4 et 6 décennies dans lesquels la diffusion de l'innovation joue un rôle absolument central. À la suite de la crise des années 1970, Nikolaï Kondratiev est notamment repris dans les années 1980 et 1990 par Joshua Goldstein[1] au MIT ou encore Brian Berry, professeur à l'Université de Yale. Brian Berry, à travers une application prodigieuse des cycles aux temps récents, a élaboré des projections pour le début du XXIe siècle qui ont le mérite d'être globalement vérifiées jusqu'ici. La théorie des cycles longs est tout à fait unique car elle touche à la fois à un ordre supérieurement complexe, et à la nature même de tout système basé sur les interactions.

La théorie des cycles longs de Nikolaï Kondratiev a rapidement été qualifiée dans la Grande Encyclopédie Soviétique comme « *une théorie bourgeoise vulgaire des crises et des cycles économiques* ». Pour les Soviétiques, « *le*

---

[1] Joshua Goldstein, qui a notamment cherché à comprendre les liens entre les guerres et les phénomènes sociaux et les cycles longs. Articles : *Kondratiev Waves as War Cycles* (1985), *The Possibility of Cycles in International Relations* (1991).

concept théorique des cycles longs est directement opposé aux fondements de la thèse marxiste concernant l'inévitabilité des crises économiques dans le système capitaliste[2] ». De fait, l'émergence du communisme, et dans une certaine mesure du keynésianisme, a mis de côté l'étude des cycles dans les décennies qui ont suivi, car l'intérêt politique pour de telles théories était presque nul. Cette « *théorie fausse et réactionnaire* », comme l'écrivaient les Soviétiques, est pourtant le fondement de l'ordre des sociétés humaines, et tous ceux qui établissent un travail empirique sérieux sur l'histoire de l'économie admettent partout l'influence de dynamiques temporelles.

Fort malheureusement, les arguments pour le moins idéologiques des Soviétiques sont encore ceux utilisés inconsciemment par de nombreux économistes du XXIe siècle, qui refusent d'admettre l'existence de dynamiques intrinsèques au système économique. Il est intéressant de noter que les économistes ayant étudié la question des cycles, à commencer par Nikolaï Kondratiev, ont toujours réfuté l'explication selon laquelle les cycles seraient causés par des chocs exogènes comme les guerres, les pandémies, les migrations, les décisions politiques… Les cycles sont au contraire la cause de ces évènements pour une première raison évidente qu'ils s'inscrivent dans le long terme, mais cela, peu sont capables de le comprendre de nos jours. C'est aussi pourquoi nous devons émettre un grand scepticisme

---

[2] Ces extraits de la Grande Encyclopédie Soviétique sont repris dans le livre *Long-Wave Rhythms in Economic Development and Political Behavior* (1991), page 17, Brian Berry.

envers les termes de politiques « contracycliques » et
« procycliques », car du point de vue des cycles économiques dans le temps long, ces termes ne sont
qu'une sorte d'anachronisme grossier[3].

Nikolaï Kondratiev conçoit les cycles comme un
phénomène inhérent aux économies capitalistes. Les
« *vagues longues* », comme il les décrit, ont un caractère
cyclique dans la mesure où elles sont régulières. Les
cycles longs peuvent à mon sens se résumer brième-
ment à une série d'éléments suivants :

> 1. Les cycles longs ont une durée com-
> prise entre 48 et 60 ans. Les sommets du cycle
> long identifiés par Nikolaï Kondratiev sont
> 1810-1817 et 1870-1875, puis 1914-1920 (le
> sommet suivant aurait donc été légitimement
> 1973-1981, et par extension, le prochain som-
> met serait attendu quelque part autour de 2033,
> et plus certainement 2026-2038[4]). Mais bien
> que l'on traite essentiellement du cycle des prix,
> ces projections peuvent évidemment s'avérer

---

[3] Une critique récente contre la cyclicité des marchés, en particulier dans la finance, consiste à rappeler le rôle des banques
centrales dans la détermination des perspectives de marché.
Mais cet argument est contré par le fait que le bilan des banques
centrales, sur une très longue période, présente des régularités
cycliques quasi parfaites. Il y a toujours un cycle plus long der-
rière l'illusion de l'intervention arbitrale.
[4] Projection qui reste à vérifier a posteriori. La période de prospérité entre 2009 et 2020 nous incite à une réserve sur le timing
du prochain sommet, de même que l'expansion du commerce
international qui a atteint un sommet dans les années 2010
après une accélération dès la fin des années 1990.

trompeuses. Cette observation n'est pas neutre, et pour les initiés à la question des cycles, elle paraît révélatrice d'un ordre plus grand. Les sommets (respectivement les plus bas) se traduisent en particulier sur les prix, la croissance et la production, les intérêts, mais encore le commerce, ou les salaires et le chômage.

2.   La production d'or, par extension la création de monnaie au XXIe siècle, est maximale sur la moitié de la phase descendante du cycle long. Cette observation est potentiellement moins pertinente aujourd'hui, mais il apparaît que la création monétaire s'est souvent réduite durant les phases d'expansion du cycle. À l'inverse, la création monétaire est la plus remarquable vers les plus bas du cycle long[5]. Mais une fois de plus, cette relation semble moins évidente ces dernières décennies.

3.   Un cycle de Kondratiev peut être décomposé en deux cycles de Kuznets, d'une durée de 25 à 30 ans. Certains auteurs ont noté que des crises (le plus souvent financières) prennent généralement effet 12 à 15 ans avant, et après, le sommet du cycle de Kondratiev. Ces cycles de 25 ans sont aussi ceux proposés par l'économiste allemand Salomon de Wolff dans les années 1920 (1878-1960), et dont Ni-

---

[5] Le bilan de la Banque d'Angleterre (en % du PB) a été maximal autour de 1730, 1844, 1947, et récemment. Les plus bas ont été 1810, 1875, 1920, et 2000.

kolaï Kondratiev s'est inspiré. Nikolaï Kondratiev considérait ainsi qu'une vague longue est généralement composée de 6 cycles intermédiaires de Juglar, et chaque cycle de Juglar est composé de 2 à 3 cycles de Kitchin.

4.　　Les cycles longs s'expliquent par la quantité de facteurs utilités pour assurer la production dans le temps long. Il identifie en particulier les facteurs essentiels qui nécessitent une forte concentration du capital et des investissements massifs comme pour les infrastructures et qui déterminent effectivement les conditions économiques à long terme. Les cycles longs sont ainsi liés aux phases d'accumulation ou de dispersion du capital. Nikolaï Kondratiev conçoit ainsi les cycles longs comme des oscillations autour de ces équilibres mobiles dans les forces économiques à long terme.

Enfin, il est nécessaire de rappeler que les cycles de Nikolaï Kondratiev sont des cycles transversaux, c'est-à-dire des cycles qui expliquent des dynamiques globales plus que des évènements économiques et sociaux ponctuels, par opposition aux cycles longitudinaux. Cette distinction, souvent réservée aux initiés de la théorie des cycles, est absolument déterminante et impérative pour la compréhension des dynamiques économiques. Il nous paraît enfin pertinent de rappeler que les cycles reposent, grâce aux fractales de Benoît Mandelbrot, sur une démonstration mathématique solide, et qu'il serait absurde à notre esprit de nier l'existence de dynamiques temporelles (au moins complexes).

Manifestement, les cycles sont une science bien étrange : une science largement étrangère à la philosophie du monde moderne, et pourtant une science si proche de la véritable nature régulièrement changeante et instable des conditions humaines. On s'apercevra bientôt que la manifestation la plus parfaite de l'économie n'est pas dans l'actualité et dans la mécanique, mais dans le passé et dans la dynamique.

Les travaux de Nikolaï Kondratiev sont inclassables ! Il n'y a pas d'idées proprement politiques, ni de conceptions positives ou négatives de certaines institutions. Il y a uniquement des phénomènes empiriques qui sont laissés à l'appréciation de son analyse la plus brillante et dévouée…

I – Introduction

Notre présentation a pour sujet les grands cycles de la conjoncture. L'idée que les dynamiques de la vie économique dans l'ordre social capitalistique ne sont pas simples et linéaires mais plutôt complexes et au caractère cyclique est aujourd'hui généralement reconnue. La science, cependant, est loin d'avoir clarifié la nature et les types de ces mouvements cycliques et ondulatoires. Nous avons présenté *Les concepts de la statique, de la dynamique et de la conjoncture économique* l'an passé. Nous avions alors déjà tenté de séparer les variations ayant une orientation déterminée de celles qui oscillent de manière indéterminée.

Lorsque nous parlons de cycles en économie, nous entendons généralement des cycles économiques d'une durée de sept à onze ans. Mais ces mouvements de sept à onze ans ne sont évidemment pas le seul type de cycles économiques. La dynamique de la vie économique est en réalité plus compliquée. En plus des cycles mentionnés ci-dessus, que l'on s'accorde à désigner comme des cycles intermédiaires, l'existence de cycles encore plus courts d'une durée d'environ trois ans et demi s'est récemment avérée probable[6].

Mais ce n'est pas tout. Il y a, en effet, une raison de supposer l'existence de vagues longues d'une durée moyenne d'environ 50 ans dans l'économie capitaliste,

---

[6] Cf J. Kitchin, *Cycles et tendances des facteurs économiques*, Revue d'économie statistique.

ce qui complique encore le problème de la dynamique économique. Ce processus se manifeste irrégulièrement et par oscillations. Il est proprement unique et n'est pas une simple ligne tendancielle.

II – Sur les cycles industriels et les cycles courts

Nous sommes amenés à nous interroger sur les éléments qui nous ont conduits à discuter des cycles de la conjoncture. Le XIXe siècle a vu des économistes s'attarder sur les cycles industriels de sept à onze ans. Ce phénomène qui touche toute la société capitaliste dans son ensemble a des effets dramatiques et globaux qui attirent notre intérêt.

Les cycles en économie ont été très tôt analysés par les économistes classiques, ou encore des économistes comme Sismondi, à une époque où l'ordre social capitaliste se formait à peine et rendait difficile l'observation de tels phénomènes. Les premiers écrits clairement exprimés sur la question arrivent dans les années 1850-1860 avec Karl Marx, Karl Rodbertus, mais aussi Clément Juglar. Les crises qu'ils énoncent montrent non seulement un caractère périodique mais encore une dynamique propre à l'économie capitaliste.

Les autres études sur la question de la régularité des crises nous sont données par Tougan-Baranovski, Hilferding, Pohle, Spiethoff, Lescure, Aftalion mais encore Mitchell et bien d'autres. Ces travaux montraient un processus régulier de croissance, de crise, et de dépression, ce qui a mené Werner Sombart à formaliser, en 1900, la nécessité d'établir une théorie plus globale de la conjoncture.

Depuis lors, notre intérêt porte sur ces vagues de l'économie, dans lesquelles les crises ne sont qu'un moment bien particulier de notre actualité.

Mais il nous apparaît que la dynamique de l'économie est plus complexe encore et les cycles de sept à onze ans ne semblent pas suffisants. Les derniers travaux de Joseph Kitchin rendent également vraisemblable l'existence de cycles proches de trois ans à trois et demi. Ce fait nous est aussi énoncé par les économistes américains du Bureau de Harvard, mais ces derniers ne retiennent pas la précision de ce cycle court. Notre présentation, sans retenir les débats connexes à la distinction de ces deux types de cycles, s'intéressera à la dynamique des vagues longues de l'économie.

III – Considérations théoriques

Ces dernières années, une dynamique bien particulière et difficile à expliquer a retenu notre attention. Nous avons tenté avec encore peu de données de mettre au jour des explications en 1922 avec la publication de *L'économie mondiale et ses conjonctures pendant et après la guerre*. Les vagues longues de l'économie semblent toucher toute l'économie capitaliste dans son ensemble. L'étude des vagues longues dans l'ordre social capitaliste est encore inexplorée, bien que la formalisation de ce concept ne soit pas nouvelle.

Certains travaux affirment l'existence de cycles longs dans l'économie capitaliste, lorsque les autres travaux qui nous sont donnés nient le caractère cyclique de l'économie et considèrent plutôt des changements fortuits, et lorsque d'autres encore ne font que développer une suite de processus d'expansion et de chute. Nous pouvons citer Lescure, Aftalion, Moore, Spiethoff, mais encore Leighton, Cassel, ou Kautsky et d'autres encore.

Ces oscillations longues de l'économie ne nous sont encore décrites dans le détail par aucun d'entre eux. La formalisation en 1922 de l'hypothèse de vagues de longues durées nous a valu certaines réticences. Léon Trotski en particulier, dans son article *La courbe du développement capitaliste* (1923), n'admet pas l'existence de ces vagues longues et demeure étranger à l'idée que ces dynamiques puissent être cycliques et proprement liées à l'économie capitaliste. Il s'était pourtant montré enclin à une telle idée dans *La nouvelle politique économique de la Russie et les perspectives de la révolution mondiale* (1923). On a alors formulé que les causes de ces vagues longues devaient nécessairement être d'ordre aléatoire et trouvaient leur origine dans les évènements de l'économie. De la même manière, Nikolaï Ossinski rejette nettement la formalisation que nous avons faite. Mais un certain nombre d'observations que nous allons énoncer nous incitent à soutenir qu'il existe bien des cycles longs dans l'économie capitaliste.

IV – Méthode

L'étude suivante doit se limiter uniquement à la recherche de divers problèmes liés aux cycles longs. La recherche est ici rendue difficile par le fait qu'une très longue période d'observation est présupposée. Nous n'avons cependant aucune donnée avant la fin du XVIIIe siècle et même les données dont nous disposons sont trop rares et pas entièrement fiables. Depuis, les ressources relatives à l'Angleterre et à la France sont les plus complètes, elles sont à la base principale de cette recherche. Les États-Unis ne seront cités que dans certaines circonstances. La méthode pratiquée ici vise d'abord à analyser les différents organes de l'économie pris séparément, une étude d'ensemble ne pouvant être envisagée au regard de la difficulté de la tâche.

Nous diguerons deux catégories de données, l'une présentant des données suivant des mouvements oscillatoires autour de tendances séculaires, l'autre ne suivant aucune forme de processus aléatoire. Cette première catégorie comprend notamment le taux d'intérêt, le salaire, les compensations… La deuxième catégorie ne présentant aucun mouvement oscillatoire particulier comprend certains biens physiques et quelques branches de l'industrie. Enfin, nous serons disposés à remarquer l'existence de données qui révèlent des mouvements oscillatoires et des tendances moins évidentes, il s'agit des produits influencés à la fois par des éléments de valeur et de volume, tel le commerce extérieur.

Les méthodes statistiques utilisées sont simples quand aucune tendance séculaire n'était présente dans les données. Si les données affichent une tendance séculaire, comme c'est le cas pour les données physiques, la première étape était de diviser les chiffres annuels par la population, chaque fois que cela était logiquement possible, afin de permettre des changements d'échelle. Ensuite, la tendance séculaire a été éliminée à l'aide des méthodes statistiques usuelles appliquées à l'ensemble des données, en recourant parfois à des fonctions du second degré, voire du troisième degré. Ce travail méthodologique est suffisamment rigoureux et objectif, et il nous est donné par N.S. Tchetvérikov et O.E. Priakhina.

Mais la question de la méthode soulève une interrogation de savoir si ces vagues longues que nous décrivons ne sont pas induites par notre méthode elle-même. Or nous pensons, bien que la courbe ne corresponde pas exactement à la tendance effectivement observée, que les courbes obtenues correspondent à des évolutions économiques réelles.

Pour retenir les données qui nous concernent, les écarts par rapport à la tendance séculaire ont ensuite été lissés par une moyenne mobile sur neuf ans, afin d'éliminer les cycles économiques de sept à onze ans, les cycles courts, et les variations aléatoires potentiellement présentes.

V – Niveau moyen des prix

Alors que l'indice des prix français ne remonte qu'aux années 1850, les indices anglais et américains remontent à la fin du XVIIIe siècle. Afin de ne pas surcharger l'étude avec des chiffres, les données statistiques sont présentées exclusivement sous forme de graphiques[7].

---

[7] Dix pages de tableaux ont été données par Kondratiev à la fin de son article. Les tableaux présentés dans la republication de W.F. Stolper ne sont pas de simples reproductions de ceux de l'article original, mais ont été élaborés à partir des données fournies dans son annexe tabulaire. Quelques légères divergences entre les nouveaux graphiques et ceux de Kondratiev ont été observées, mais en aucun cas ces divergences n'ont été significatives.

CHART 1. — INDEX NUMBERS OF COMMODITY PRICES*
(*1901–10 = 100*)

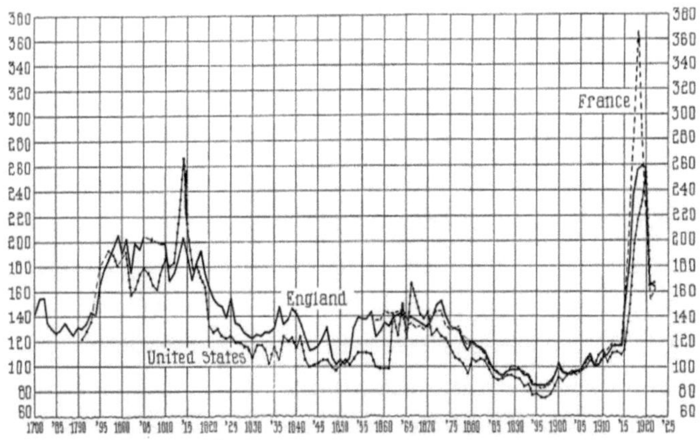

* The *French* data are taken from the *Annuaire Statistique* [Statistique Générale de la France], 1922, p. 341; the index number has been recalculated on a gold basis through use of dollar-franc exchange rates.

For *England*, there is for 1782–1865 the index of Jevons; for 1779–1850, a new index number, computed by Silberling and published in this REVIEW, v (1923); for the period after 1846, we have Sauerbeck's index, which at present is carried on by the *Statist*. Since Silberling's index is based upon more complete data of the prices of individual commodities than that of Jevons, we have used the former for the period 1780–1846. From 1846 on we use Sauerbeck's index number. Both indices have been tied together on the basis of their relation during 1846–50, for which period they are both available; after this procedure, we have shifted the series to a new base, 1901–10. For the period 1801–20 and since 1914, in which periods England was on a paper standard, the index numbers have been recalculated on a gold basis.

For the *United States*, we use the following series, which have been tied together: for 1791–1801, H. V. Roelse (*Quarterly Publications of the American Statistical Association*, December, 1917); 1801–25, A. H. Hansen (*ibid.*, December, 1915); 1825–39, C. H. Juergens (*ibid.*, June, 1911); 1840–90, Falkner (Report from the Committee on Finance of the United States Senate on *Wholesale Prices, Wages, and Transportation*, 52d Congress, 2d session, Report No. 1394, Part 1 [Washington: Government Printing Office, March 3, 1893]); since 1890, the B. L. S. index. All index numbers are on the base 1901–10. For the Greenback period (1862–78), they have been recalculated on a gold basis. All data [except Silberling's index] are taken from the *Annuaire Statistique*, 1922 [which utilizes the sources above cited].

Les données de l'indice des prix représentées sur le graphique 1 n'ont pas été lissées ni traitées autrement. Néanmoins, un simple coup d'œil sur le graphique montre que le niveau des prix, malgré tous les écarts et irrégularités, présente une succession de vagues longues.

Le mouvement ascendant de la première vague longue couvre la période de 1789 à 1814, c'est-à-dire

25 ans ; son déclin commence en 1814 et se termine en 1849, une période de 35 ans. Le cycle est donc complété en 60 ans[8].

La hausse de la seconde vague commence en 1849 et se termine en 1873, soit une durée de 24 ans. Le point de retournement n'est cependant pas le même pour les États-Unis comme c'est le cas pour l'Angleterre ou la France ; aux États-Unis, le pic se situe en 1866, mais cela s'explique par la guerre civile et ne met pas en cause la nature de la trajectoire du cycle dans les deux continents. Le déclin de la seconde vague commence en 1873 et se termine en 1896, soit une période de 23 ans. La durée de la seconde vague est de 47 ans.

Le mouvement ascendant de la troisième vague commence en 1896 et se termine en 1920, sa durée étant de 24 ans. Le déclin de cette vague, d'après toutes les données, commence en 1920.

Il est facile de constater que les prix français après l'année 1850 évoluent généralement de manière symétrique aux prix anglais et américains. Il est donc très probable que cette symétrie existât aussi dans la période précédente.

Nous concluons donc que trois grands cycles sont présents dans le mouvement du niveau des prix du-

---

[8] Dans sa phase ascendante, l'indice anglais présente plusieurs pics, qui tombent dans les années 1799, 1895, 1810, 1814. Après l'année 1814, on observe une nette tendance à la baisse. Nous considérons cette année comme le point de retournement.

rant la période depuis la fin des années 1780, dont le dernier d'entre eux n'est qu'à moitié achevé. Les vagues ne sont pas exactement de la même longueur, leur durée variant entre 47 et 60 ans. La première vague est la plus longue.

VI – Le taux d'intérêt

L'évolution du taux d'intérêt peut être observée plus facilement à partir du mouvement du taux d'escompte et des cotations des titres porteurs d'intérêts (cours des titres à revenus fixes). Comme ces dernières ne dépendent pas de fluctuations aléatoires et reflètent plus précisément l'influence de facteurs à long terme, nous utilisons ici uniquement les cotations des obligations d'État.

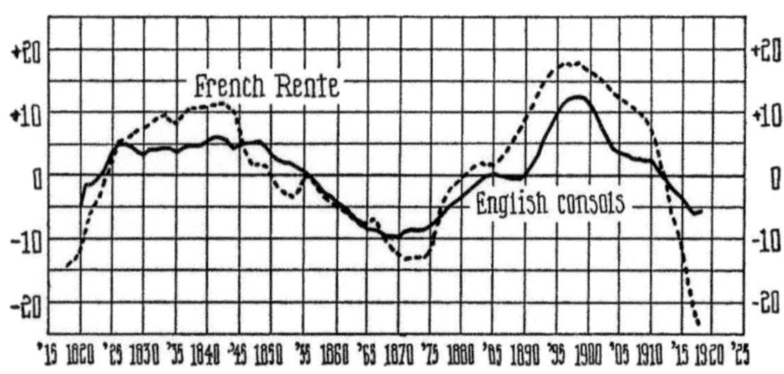

La figure 2 montre les cotations de la Rente[9] française et des Consols[10] anglaises. Les deux présentent une tendance séculaire durant la période d'observation. Le graphique montre les écarts par rapport à la tendance séculaire lissés par une moyenne mobile sur neuf ans. Dans le cas du cours du consol, la tendance séculaire est éliminée à l'aide d'une fonction du troisième degré et, sur le diagramme, sont portés les écarts empiriques et lissés.

Les cotations des titres à taux d'intérêt manifestent comme on le sait un mouvement opposé à celui de l'activité économique et du taux d'intérêt. Par conséquent, si les vagues longues sont présentes dans les fluctuations du taux d'intérêt, le mouvement des cotations obligataires doit aller dans une direction contraire à celle des prix des matières premières. C'est ce que montre notre graphique, qui met clairement en évidence des vagues longues dans le mouvement des cotations et par conséquent du taux d'intérêt.

Le graphique commence seulement après les Guerres napoléoniennes, c'est-à-dire à peu près au

---

[9] Jusqu'en 1825, les cotations de la Rente à cinq pour cent, puis celles de la Rente à trois pour cent. Afin d'associer les deux séries, nous avons d'abord calculé les rapprochements par les valeurs relatives sur la base 1825-1830 pour les deux séries. Nous avons ensuite décalé la base des deux séries combinées à 1901-1910, afin de les rendre comparables avec la courbe des prix. Les données originales proviennent de l'Annuaire Statistique (Statistique Générale de la France), 1922.

[10] Selon les données figurant dans William Page, éd., *Commerce and Industry*, Vol. 2 (Londres, 1919), tables statistiques, pp. 224-25. Les rapprochements ont été calculés à partir des chiffres avec comme base 1901-1910.

moment où le premier cycle long du prix des matières premières a atteint son sommet ; il ne comprend donc pas la période d'essor des matières premières. Cependant, compte tenu des données dont nous disposons, on pourrait supposer que les cotations des obligations d'État ont aussi pris part à ce mouvement.

Les Consols anglaises manifestent effectivement une tendance résolument baissière entre 1792 et 1813. Leur cotation en 1792 est de 90,04 ; en 1813, elle s'établit d'autre part à 58,81. Bien que leur chute soit la plus rapide sur les années 1797 et 1798, ce déclin raide est seulement un aparté, et la tendance baissière globale de 1792 à 1813 se détache assez clairement[11].

En conséquence, la période du début des années 1790 jusqu'en 1813 apparaît être la phase d'augmentation du taux d'intérêt. Cette période concorde parfaitement avec celle du cycle haussier des matières premières.

Le cycle des cotations obligataires augmente après 1813[12] – le cycle du taux d'intérêt diminue – même jusqu'au milieu des années 1840 (voir graphique). D'après les données non lissées, les Consols ont atteint leur sommet en 1844 ; la Rente, en 1845. Avec cela, le premier grand cycle dans le mouvement du taux d'intérêt est complété.

---

[11] Cf. N.J. Silberling, « British Financial Experience, 1790-1830 », *Review of Economics and Statistics* (1919), p.289.
[12] Les premières années ont disparu de notre graphique en raison de l'utilisation de la moyenne mobile à neuf ans.

Le mouvement baissier des cotations obligataires (la hausse du taux d'intérêt) durant le second cycle s'étend de 1844-1845 jusqu'en 1870-1874[13]. De cette date jusqu'en 1897, le prix du marché des titres porteurs d'intérêts augmente à nouveau et, par conséquent, le taux d'intérêt diminue. Avec cela, le deuxième grand cycle s'achève.

Le déclin suivant des cotations (hausse du taux d'intérêt) s'étend de 1827 à 1921. L'existence de grands cycles dans le mouvement du taux apparaît très clairement[14]. Les périodes de ces cycles sont assez proches avec les périodes correspondantes des prix des matières premières.

---

[13] D'après les données originales, les Consols atteignent effectivement leur point le plus bas en 1866, mais la tendance générale continue d'être baissière jusqu'en 1874. L'effondrement des cotations en 1866 est lié avec la hausse du taux d'intérêt précédant juste la crise du marché monétaire de cette même année, et ce avec la guerre austro-prussienne.

[14] L'existence de ces cycles est aussi confirmée par plusieurs autres études : P.Wallich, « Beiträge zur Geschichte des Zinsfusses von 1800 bis zur Gegenwart », *Jahrbücher für Nationalökonomie und Statistik*, III. Folge, Vol. 42, pp. 289-312 ; *Revue d'Économie politique*, Nr. 4 (1912) ; R.A. Macdonald, « The Rate of Interest since 1844 », *Journal of the Royal Statistical Society*, LXXV (1912), pp. 361-79 ; T.T. Williams, « The Rate of Discount and the Price of Consols », ibid., pp. 380-400. Aussi ibid., pp. 401-11, la discussion de la dernière étude mentionnée, en particulier le discours de E.L. Hartley, pp. 404-06.

VII – Les salaires

Nous avons examiné la trajectoire des salaires hebdomadaires des travailleurs dans l'industrie anglaise du coton-textile depuis 1806 et des travailleurs agricoles anglais depuis 1789[15]. Les données originelles sur les salaires sont rattachées à une base or et sont ensuite exprimées sous la forme d'un indice avec 1892 pour base.

CHART 3.— WAGES IN ENGLAND

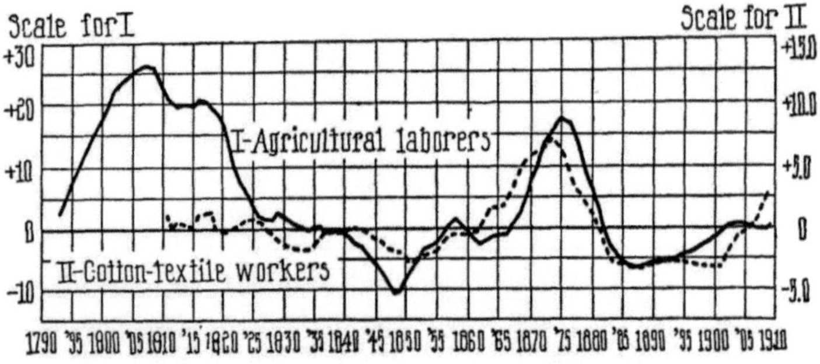

Le graphique 3 présente les chiffres sur les salaires à partir des écarts par rapport à la tendance,

---

[15] [Les gains des travailleurs du coton-textile sur 1806-1906 sont tirés de G. H. Wood, *The History of Wages in the Cotton Trade* (London, 1910), p. 127 ; commençant avec 1906, les salaires sont tirés de *Abstract of Labour Statistics.*
Pour les travailleurs agricoles, les données pour 1789-1896 sont tirées de A.L.Bowley, « The Statistics of Wages in the United Kingdom During the Last Hundred Years : Part IV, Agricultural Wages », *Journal of the Royal Statistical Society*, LXII (1899), pp. 555.]

lissés par l'utilisation d'une moyenne mobile de neuf années. Le graphique laisse apparaître depuis 1790 une trajectoire du salaire en hausse (taux de croissance) qui atteint son maximum dans la période 1805-1817, et plus précisément, le maximum réel se situe quelque part autour de 1812-1817. Suite à ce maximum, l'évolution du salaire a été en baisse jusqu'à la fin des années 1840 et le début des années 1850. Le premier grand cycle dans le mouvement du salaire est achevé.

La fin des années 1840 et le début des années 1850 marquent le retour d'une croissance accélérée des salaires jusqu'en 1873-1876. Ensuite, la croissance du salaire s'estompe jusqu'en 1888-1895. Le second cycle est complété. Ensuite encore, on observe une intensification de la croissance des salaires, qui dure, en fonction des données considérées, jusqu'en 1920-1921.

Dès lors, malgré la difficulté fondamentale, les vagues longues sont sans aucun doute présentes dans le mouvement des salaires, les périodes de ces vagues correspondent justement bien avec celles du prix des matières premières et du taux d'intérêt.

VIII – Le commerce extérieur

Nous prenons maintenant le chiffre d'affaires du commerce extérieur. Afin d'étudier les cycles longs du commerce extérieur, nous considérons la somme des exportations et des importations sans réexportation de l'Angleterre et de la France[16]. Les séries de données sont divisées par la population et la tendance séculaire a été éliminée. Nous prenons en compte l'écart avec les séries théoriques. Les écarts observés avec la série théorique sont lissés par une moyenne mobile de neuf années.

Ces données ne permettent pas de décrire les évolutions de la fin du XVIIIe siècle, qui correspond à la vague du premier cycle long, les données étudiées ne remontant qu'au début du XIXe siècle. Mais la vague descendante du premier cycle apparaît nettement. Les données employées ne remontent qu'au début du XIXe siècle et les méthodes utilisées ne nous permettent pas de juger exactement du début de la vague descendante. Pour l'Angleterre, on peut situer le retournement autour de 1810-1815. Pour la France, le passage de la vague descendante à la vague ascendante se situe en 1848 en se basant sur la courbe non lissée.

Le cas de l'Angleterre est moins explicite pour cette période. Si l'on se réfère à la courbe non lissée, trois minima apparaissent, à savoir 1837, 1842, et

____

[16] Selon les données de l'*Annuaire Statistique*.

1855. La courbe remonte entre le deuxième et le troisième minima, de 1849 à 1853. Les causes de cette remontée peuvent être reliées à deux causes, à savoir la suppression des taxes sur les céréales et la révolution industrielle en Europe. La chute de la courbe en 1853-1855 peut être expliquée par la guerre de Crimée à laquelle l'Angleterre a aussi pris part. Mais il apparaît que le minima du commerce extérieur pour l'Angleterre n'est pas explicite.

CHART 4.— FRENCH FOREIGN TRADE

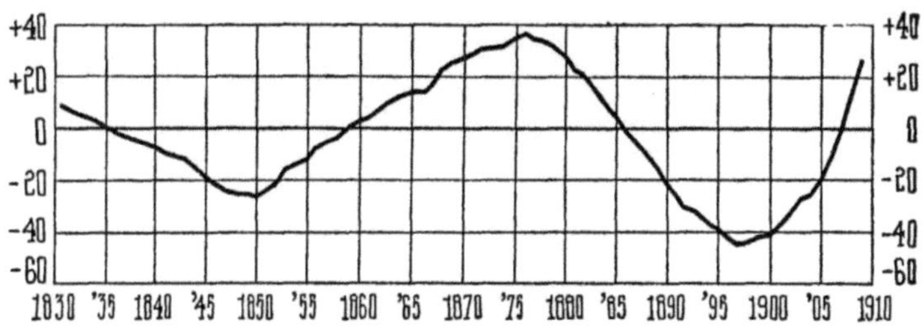

Malgré tout, il apparaît nettement pour l'Angleterre que la fin des années 1830 et le début des années 1850 dans une moindre mesure, et pour la France que la fin des années 1840, marquent le début d'une vague ascendante du commerce extérieur qui s'achève vers 1872-1873 à partir des données non lissées. Dès lors, la seconde vague descendante se manifeste jusqu'en 1894-1896. On observe enfin une importante vague ascendante qui se poursuit jusqu'à la Guerre mondiale.

En conséquence, les données relatives au commerce extérieur font aussi apparaître deux cycles longs d'une manière suffisamment claire. Mis à part le cas particulier de l'Angleterre sur la période 1830-1850, les durées des cycles longs énoncés correspondent avec les cycles longs observés sur les autres séries de données.

XIX – La production et la consommation de charbon et de fonte brute, et la production de plomb

Prenons le cas de l'extraction et de la consommation de houille [charbon] ainsi que la production de fonte et de plomb. Jusqu'à présent, nous avons analysé que les mouvements de telles magnitudes, sensibles aux changements de la conjoncture économique, comme possédant le simple caractère d'une valeur pure, par exemple le prix des matières premières, les taux d'intérêt, les salaires, ou au moins un caractère mixte comme les données sur le commerce extérieur. Notre étude, cependant, perdrait en pertinence si on n'analysait pas le comportement de séries purement physiques.

À ce titre, on a choisi la production anglaise de charbon[17], et la consommation française de charbon[18], ainsi que la production anglaise de fonte brute et de plomb[19]. On a divisé les chiffres originaux par la population, et éliminé des séries restantes les tendances séculaires. Les écarts à la ligne de tendance, après avoir été lissés par l'utilisation d'une moyenne

---

[17] D'après les données de W. Page.
[18] Annuaire Statistique, 1908 et 1922.
[19] D'après le Bristish and Foreign Trade and Industry, et le Statistical Abstract.

mobile de neuf années, ont ensuite été analysés. Les résultats sont montrés dans le graphique 5.

Les données continues sont malheureusement disponibles pour la seule période après les années 1830, et en partie seulement après les années 1850. Par conséquent, seulement un cycle et demi à deux grands cycles peuvent être montrés, mais ils apparaissent avec une clarté frappante dans les deux graphiques.

Il y a un retard dans l'augmentation de la consommation de charbon (en France) jusqu'à la fin des années 1840, ensuite la croissance devient plus rapide et atteint son sommet en 1865, d'après la courbe lissée (sur le graphique), et en 1873, d'après la courbe non lissée. Dans la même année, la production anglaise de charbon atteint également un maximum, selon la courbe non lissée.

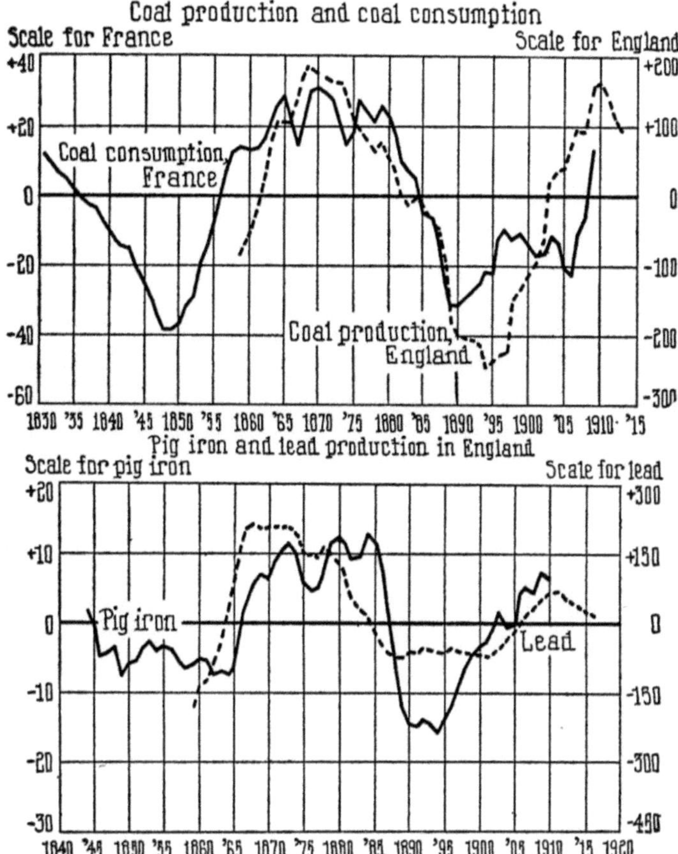

Ensuite parvient le déclin qui arrive à son terme
en 1890-1894, cédant la place à une longue période
de reprise. On observe donc dans les données relatives à la rapidité de l'augmentation de la production

35

et de la consommation de charbon presque l'ensemble de deux grands cycles, dont les périodes correspondent étroitement aux périodes que nous avons déjà trouvées en considérant les autres séries.

De manière similaire, la production anglaise de fonte brute et de plomb indique suffisamment clairement l'existence d'un large cycle et demi.

X – Autres séries

Pour des raisons de brièveté, nous nous séparons de l'analyse systématique des cycles longs dans le comportement des séries individuelles. Nous avons aussi analysé d'autres données, certaines d'entre elles montraient probablement les mêmes périodes que celles mentionnées au-dessus, bien que plusieurs autres séries ne montrent pas des cycles avec la même clarté. Les séries de valeurs qui montrent des cycles longs sont les dépôts et le portefeuille de la Banque de France, et les dépôts aux banques d'épargne françaises ; les séries au caractère mixte (quantité x prix) sont les imports français et anglais, et l'ensemble du commerce extérieur anglais. En ce qui concerne le mouvement des indices au caractère physique, l'existence de cycles longs a été établie dans la production de charbon aux États-Unis, en Allemagne, et l'ensemble du monde ; dans la production de fonte aux États-Unis et en Allemagne et l'ensemble du monde ; dans le plomb et la production de charbon des États-Unis ; dans le nombre de broches de l'industrie du coton aux États-Unis ; dans la superficie de coton aux États-Unis et la superficie d'avoine en France, etc.

Il était parfaitement impossible, d'autre part, d'établir des vagues longues en ce qui concerne la consommation française de coton ; dans la laine et la production de sucre des États-Unis, et dans le mouvement de plusieurs autres séries.

XI – Résultats statistiques

L'évidence que nous avons présentée jusqu'ici ouvre plusieurs conclusions.

(1) Les mouvements des séries que nous avons examinés depuis la fin du XVIIIe siècle jusqu'aux temps actuels montrent des cycles longs. Bien que le traitement statistique-mathématique des séries sélectionnées soit plutôt compliqué, les cycles découverts ne peuvent pas être regardés comme le résultat accidentel des méthodes employées. À l'encontre d'une telle interprétation, on doit mettre en avant le fait que ces cycles ont été observés avec globalement le même timing dans toutes les séries les plus importantes parmi celles examinées.

(2) Dans ces séries qui ne montrent aucune tendance séculaire spécifique – c'est-à-dire les prix – les cycles longs apparaissent comme un mouvement ondulatoire de niveau moyen. Dans les séries, d'autre part, dont le mouvement montre une telle tendance séculaire, les cycles accélèrent ou retardent le taux de croissance.

(3) Dans les multiples séries examinées, les points de retournement des vagues longues correspondent plus ou moins précisément. Cela est montré clairement dans la Table I, qui combine les résultats de l'étude et pas seule-

ment les données considérées au-dessus mais aussi plusieurs autres séries[20].

Il est facile de voir sur ce tableau qu'il existe une correspondance très étroite dans la chronologie des mouvements des cycles des séries dans les différents pays, malgré des difficultés rencontrées dans le traitement de ces données. Les déviations à la règle générale qui prévaut dans la séquence des cycles sont très rares. Il nous semble que l'absence de telles exceptions est plus remarquable que ne le serait leur présence.

---

[20] Table I énumère les maxima et les minima selon les données originelles. Le problème de la méthode la plus précise pour la détermination des maxima et des minima aurait mérité une analyse spéciale ; on laisse ici cette question ouverte. Nous croyons seulement que les points de retournement indiqués sont les plus probables.

TABLE I

Country and series	First cycle		Second cycle		Third cycle	
	Beginning of rise	Beginning of decline	Beginning of rise	Beginning of decline	Beginning of rise	Probable beginning of decline
France						
1. Prices	....	....	....	1873	1896	1920
2. Interest rate	....	1816*	1844	1872	1894	1921
3. Portfolio of the Bank of France	....	1810*	1851	1873	1902	1914
4. Deposits at the savings banks	....	....	1844	1874	1892	....
5. Wages of coal miners	....	....	1849	1874	1895	....
6. Imports	....	....	1848	1880	1896	1914
7. Exports	....	....	1848	1872	1894	1914
8. Total foreign trade	....	....	1848	1872	1896	1914
9. Coal consumption	....	....	1849	1873	1896	1914
10. Oat acreage[1]	....	....	1850*	1875	1892	1915
England						
1. Prices	1789	1814	1849	1873	1896	1920
2. Interest rate	1790	1816	1844	1874	1897	1921
3. Wages of agricultural laborers	1790	1812–17	1844	1875	1889	....
4. Wages of textile workers	....	1810*	1850†	1874	1890	....
5. Foreign trade	....	1810*	1842‡	1873	1894	1914
6. Coal production	....	....	1850*	1873	1893	1914
7. Pig iron production	....	....	....	1871§	1891	1914
8. Lead production	....	....	....	1870	1892	1914
United States						
1. Prices	1790	1814	1849	1866	1896	1920
2. Pig iron production	....	....	....	1875–80	1900	1920
3. Coal production	....	....	....	1893	1896	1918
4. Cotton acreage	....	....	....	1874–81	1892–95	1915
Germany						
Coal production	....	....	....	1873‖	1895	1915
Whole world[2]						
1. Pig iron production	....	....	....	1872¶	1894	1914
2. Coal production	....	....	....	1873	1896	1914

[1] Reversed cycles.
[2] The data which refer to the whole world have not been corrected for population changes.
* Approximate dates.
† Another minimum falls in the year 1835.
‡ Other minima lie in the years 1837 and 1855.
§ Another maximum falls in the year 1881.
‖ Another maximum falls in the year 1883.
¶ Another maximum falls in the year 1882.

(4)   Bien que, pour l'instant, nous considérions qu'il est impossible de fixer avec précision les années qui ont marqué les points de retournement des cycles longs, et bien que la méthode avec laquelle les données statistiques ont été analysées permette une erreur de 5 à 7 ans dans la détermination des années de ces retournements, les limites suivantes de ces cycles peuvent cepen-

dant être présentées comme étant les plus probables :

Premier cycle long	La hausse a duré de la fin des années 1780 ou début des années 1790 jusqu'en 1810-1817.
	Le déclin a duré de 1810-1817 jusqu'en 1844-1851.
Deuxième cycle long	La hausse a duré de 1844-1851 jusqu'en 1870-1875.
	Le déclin a duré de 1870-1875 jusqu'en 1890-1896.
Troisième cycle long	La hausse a duré de 1890-1896 jusqu'en 1914-1920.
	Le déclin a probablement commencé dans les années 1914-1920.

(5)   Naturellement, le fait que le mouvement des séries analysées s'inscrive dans des cycles longs ne prouve pas encore que de tels cycles déterminent aussi le mouvement de toutes les autres séries. Une analyse ultérieure en tenant compte de ce point particulier devra être faite pour montrer lesquelles de ces séries partagent le mouvement ondulatoire décrit. Comme nous l'avons déjà souligné, notre étude s'est également étendue à des séries dans lesquelles de tels cycles n'étaient pas évidents.

D'autre part, il n'est aucunement essentiel que les cycles longs englobent toutes les séries.

(6)	Les vagues longues que nous avons établies au-dessus par rapport aux séries les plus importantes de la vie économique sont internationales ; et le timing de ces cycles correspond assez bien aux pays capitalistes européens. Sur la base des données que nous avons présentées, nous pouvons affirmer que le même timing vaut aussi pour les États-Unis. Cependant, les dynamiques dans le développement du capitalisme, et particulièrement le timing des fluctuations dans ce dernier pays, peuvent présenter des particularités.

XII – Caractéristiques empiriques : l'innovation

Nous avons été amenés à ces conclusions par l'étude des séries statistiques caractérisant le mouvement de l'économie capitaliste. Nous sommes aussi en position d'affirmer que l'examen de ces éléments ne permet pas à lui seul de juger de l'existence des cycles longs. Les conclusions que nous avons énoncées à partir des courbes n'étant pas suffisantes, et les méthodes statistiques utilisées pouvant présenter certains désavantages, surtout pour les périodes les plus anciennes, il convient d'analyser le développement de l'économie capitaliste dans ses caractéristiques concrètes, à la fois sur la base des chiffres et des descriptions fournis. D'un autre point de vue, les références historiques relatives au développement de la vie économique et sociale dans son ensemble confirment aussi l'hypothèse des cycles longs. Nous ne pouvons ni ne voulons entreprendre une analyse de ces références dans cette présentation.

Cependant, quatre propositions générales, établies en étudiant attentivement le développement de la vie économique, auxquelles nous sommes parvenus concernant l'existence et l'importance des cycles longs, peuvent être présentées afin de mieux caractériser et de mieux comprendre ces cycles longs.

Il est clair que ces dynamiques se produisent de manière plus ou moins interrompue et s'observent dans l'ensemble de l'histoire de l'économie capitaliste. Cependant, ces dynamiques prennent effet à un rythme irrégulier et les effets les plus complets s'observent avant le début de la vague ascendante des cycles longs ou à leur début.

Effectivement, la vague ascendante du premier cycle commence en pleine révolution industrielle avec des évolutions majeures dans les rapports de production et plus spécifiquement en Angleterre, et relativement en France et dans les autres pays. La révolution industrielle a produit des effets sur tous les secteurs des moyens de transport et également de l'industrie comme la filature et le textile, la chimie, la métallurgie, etc.

Cependant, un nombre inhabituellement plus important et plus significatif de procédés et d'inventions techniques précèdent la révolution industrielle. C'est en particulier le cas dans la période 1764-1795. Certaines inventions sont totalement nouvelles lorsque d'autres sont des améliorations substantielles des inventions précédentes. Lorsqu'on évoque les inventions techniques, on distingue le moment de leur invention du moment où elles sont effectivement appliquées, comme ce fut le cas pour la grande période d'inventions à partir de 1760, mais ces inventions ne trouvent une application concrète qu'à partir des années 1770 et 1780 et génèrent effectivement la révolution industrielle.

Notre propos a jusqu'ici traité des évolutions dans le domaine technique et des conditions de production. Cependant, le commencement de la vague ascendante du premier cycle n'inclut pas uniquement des évolutions techniques. Le début des années 1790 marque aussi l'arrivée des États-Unis sur le marché mondial, ce qui accroît significativement l'ampleur de ce marché.

Un certain nombre d'inventions techniques précèdent également la deuxième vague ascendante du cycle long. Nous mentionnerons la locomotive (1824), la turbine (1824-1827), le début de l'utilisation du ciment de Portland (1824), l'extraction du nitrate du Chili (1830), la construction de la première automobile (1831), la construction de la première moissonneuse (1831), la mise au jour de l'induction (Faraday, 1832), la galvanoplastie (Jacobi, 1833), le bateau électrique (1834), le télégraphe électromagnétique (1832), le télégraphe de Morse (1837), le premier bateau à roue (1836), les fours à gaz (1838), la pompe à vapeur (1840), le marteau-pilon (1842), la presse rotative (1846), la machine à coudre (1847), la fabrication du câble (1848).

De multiples améliorations des techniques et des inventions nouvelles furent appliquées à divers degrés dans l'industrie. Ces améliorations et ces innovations ont mené à l'apparition de nombreux secteurs de l'industrie et à la révolution des moyens de transport. Les années 1840 ont ainsi marqué un développement rapide aux États-Unis, en France et en Angleterre des transports par bateau et des chemins de fer. Nous en venons à l'observation qu'une époque de bouleversements importants des techniques de production et de transport ont précédé la vague ascendante du deuxième cycle long. Cependant, d'autres bouleversements importants peuvent être observés.

D'abord, la croissance du transport maritime dans la fin des années 1830 ouvre de nouveau, après la fin du XVIIe siècle, une position fortifiée des États-Unis sur le marché mondial. Ensuite, la quantité d'or en circulation augmente sensiblement à la fin des années 1840 et au début des années 1850 sous l'effet de l'exploitation de nouvelles mines d'or en Californie et en Australie (1847-1851). Nous soulignons ici les évolutions majeures qui prennent effet au début de la vague ascendante du deuxième cycle long.

Par suite, des évolutions majeures de la vie économique et de la technique précèdent la vague ascendante du troisième cycle long. Des inventions techniques majeures, et plus spécifiquement l'électricité, naissent du perfectionnement de la science à partir des années 1870. Mentionnons la dynamo à courant continu de Gramme (1870), la pompe à vide Sprengel (1875), le moteur à gaz (1876), le transport du courant continu (1877), le téléphone (1877), la méthode de Thomas pour l'acier (1878), le frein à air Westinghouse (1879), la locomotive électrique de Siemens (1878), la découverte de l'acide nitrique (1880), le chemin de fer électrique (1880), la soudure et la forge électriques (1881-1889), le tramway (1881), les transformateurs (1882), la poudre à canon sans fumée (1884), le dirigeable de Renard et Craids (1884), les moteurs à essence (1885), l'ascenseur électrique (1887), le transport du courant alternatif (1891), la fusion électrique (1892), le télégraphe sans fil (1892), le moteur Diesel

(1893), l'aéroplane (1895), la machine à vapeur doublée (1898).

Ces améliorations techniques des années 1870-1890 sont rapidement utilisées dans l'industrie, et en particulier dans l'industrie de la chimie et de l'électricité qui connaissent une forme de révolution industrielle. Les années 1890 marquent l'évolution des techniques des moteurs avec l'électricité. Cette évolution profite aux secteurs de la force motrice, et des outils de travail, de l'éclairage mais aussi des communications. Comme la diffusion de la vapeur dans la première moitié du XIXe siècle, l'amélioration des techniques de l'électricité et de la chimie vont de pair avec l'accroissement du développement économique.

Nous identifions par ailleurs trois évolutions majeures du développement économique au début de la vague ascendante du troisième cycle long. D'abord, nous mentionnerons l'accroissement de la quantité d'or en circulation à partir du milieu des années 1880 et dans les années 1890. Ensuite, nous remarquerons la mise en place de l'étalon-or dans de nombreux pays à savoir l'Allemagne, la Suède, la Norvège, la Hollande, la Russie, l'Autriche-Hongrie, le Japon, les États-Unis. Enfin, une série de pays jeunes font leur entrée sur le marché mondial, à savoir l'Australie, l'Argentine, le Chili, le Canada, etc.

Nous en venons à cette première proposition que lors des deux décennies qui précèdent approximativement la vague ascendante d'un cycle long, il y a un fort dynamisme des inventions techniques. Ce n'est qu'avant et au début de cette vague ascendante que la diffusion de ces techniques dans l'industrie implique une nouvelle organisation des rapports de production. Le début du cycle long concorde aussi avec l'entrée de nouveaux pays sur le marché mondial. Le début des deux derniers cycles longs est également caractérisé par des évolutions dans l'extraction de métaux précieux et la quantité de monnaie en circulation.

Nous rappelons malgré tout que cette proposition reste empirique, et elle comprend des imprécisions et des exceptions. Nous sommes également d'avis qu'en aucune manière ces relations récurrentes ne contiennent l'explication des cycles longs. La question des causes sera traitée ultérieurement aux caractéristiques de ces cycles longs.

XIII – Caractéristiques empiriques : les guerres et les révolutions

La deuxième proposition empirique repose sur le fait que les bouleversements sociaux sont généralement plus nombreux durant la vague ascendante du cycle long que durant les vagues descendantes. Nous mentionnerons dans cette perspective une série d'évènements historiques qui ne se limitent pas à cette liste.

Nous examinerons d'abord la première vague ascendante du cycle long. Nous mentionnerons la proclamation d'indépendance des États-Unis et leur Constitution (1783-1789), la Révolution française (1789-1804), la première coalition armée contre la France et les guerres offensives de la République française (1793-1797), la guerre de la France contre l'Angleterre (1793-1802), l'entrée de l'Angleterre dans la coalition (1793-1797), la deuxième période de coalition et de guerres offensives (1798-1802), les révolutions politiques et militaires en Hollande, en Italie, en Suisse, en Allemagne, en Espagne, au Portugal, et d'autres pays russo-turcs (1806-1812), le deuxième et troisième partage de la Pologne (1793 et 1795), la troisième et quatrième coalition contre la France (1805 et 1806-1807), le Blocus continental (1807-1814), les guerres et révoltes d'Espagne et d'Italie en 1808, puis la cinquième coalition et la campagne et la retraite de Russie (1809-1810 et

1812-1813), la Constitution espagnole (1812), et la sixième coalition contre la France et la chute de l'Empire de Napoléon (1813-1814), suivi du bref retour de Napoléon en 1815.

Nous poursuivons la description pour la vague descendante du premier cycle long. Nous mentionnerons le mouvement révolutionnaire en Espagne et la Constitution de 1820, les mouvements révolutionnaires en Italie (Carbonari) et les coalitions européennes à son encontre (1820-1823), la guerre contre la Turquie (1828-1829) dans la lutte pour l'indépendance grecque, la révolution de Juillet en France en 1830 et les autres bouleversements suivants (1830-1834), et le mouvement des chartistes en Angleterre (1838-1848).

La vague ascendante du deuxième cycle long intervient avec la Révolution de Février en France (1848), les mouvements révolutionnaires en Italie qui se traduisent par l'intervention des forces étrangères (1848-1849), le mouvement révolutionnaire en Allemagne (1848-1849), en Autriche-Hongrie (1848-1849), le coup d'État de Bonaparte en France (1851), la guerre de Crimée (1853-1856), l'établissement de la Roumanie (1859), la guerre autrichienne contre l'Italie et la France (1858-1859), les révoltes pour l'unification italienne (1858-1859) et allemande (1862-1870), la guerre civile aux États-Unis (1861-1865), la révolte herzégovine (1861), la guerre de la Prusse et de l'Autriche contre le Danemark (1864), la guerre de l'Autriche et des États du sud de l'Allemagne contre la Prusse et l'Italie (1866), la libération serbe (1867), la guerre entre la France et la Prusse

(1870-1871), la Commune de Paris (1870-1871), et la constitution de l'Empire germanique (1870-1871).

Ensuite, nous mentionnerons la vague descendante du second cycle avec l'Herzégovine contre la Turquie (1875), la guerre russo-turque puis de l'Autriche (1877-1878), le partage de l'Afrique entre les puissances impérialistes dont la France, l'Allemagne, l'Italie et l'Angleterre suivi des révoltes des locaux (1870-1890), et l'unification de la Bulgarie (1885).

Enfin, la vague ascendante du troisième cycle long marque le conflit entre la Chine et le Japon (1895), la guerre turco-grecque (1897), la guerre hispano-américaine (1898), la guerre Anglais contre Boers (1899-1902), la manœuvre militaire des puissances majeures en Chine (1900), la constitution de la Fédération de la République d'Australie (1901), la guerre russo-japonaise (1904-1905), la Révolution russe de 1905 puis la Turquie en 1908, l'annexion de la Bosnie et de l'Herzégovine (1908), la manœuvre militaire de la France au Maroc puis le conflit entre la France et l'Allemagne (1907-1909), le conflit turco-italien pour Tripoli (1911-1912), la guerre des Balkans (1913), le coup d'État en Turquie (1913), la révolution chinoise (1911), la Guerre mondiale (1914-1918), la Révolution russe de Février puis d'Octobre suivie de la guerre civile et des interventions extérieures (1917-1921), la Révolution en Allemagne (1918-1919), la Révolution austro-hongroise (1918-1919), et la grande concertation géographique du traité de Versailles (1918).

Nous avons énuméré suffisamment de faits pour faire apparaître un nombre plus important d'évolutions sociales, militaires et révolutionnaires durant la vague ascendante des cycles longs. Il convient de souligner que nous n'attribuons à ces relations récurrentes qu'un caractère empirique, et que nous ne soutenons d'aucune manière que ces relations récurrentes contiennent l'explication des cycles longs.

XIV – Caractéristiques empiriques : le déclin de l'agriculture

La troisième proposition qui s'offre à nous est celle du déclin durable de l'agriculture lors de la vague ascendante du cycle long. La première dépression agricole manque de précisions après les guerres napoléoniennes en France, mais cette dernière apparaît clairement en Angleterre et peu de doutes persistent sur sa véracité.

Une cause de ce phénomène nous est donnée par la baisse rapide des prix agricoles. Un fait caractéristique est la baisse du prix du blé qui passe d'un peu plus de 84 shillings le quart de gallon en moyenne entre 1796 et 1816, à 61 shillings en moyenne sur la période de 1815 à 1845, malgré les mesures protectionnistes sur la taxation des imports. Ces faits concordent avec celles de la laine et du lin, du sucre et du tabac.

Cependant, la baisse des prix se retrouve aussi dans l'industrie, mais il apparaît que la baisse des prix agricoles reste malgré tout plus importante. Il en résulte que la valeur relative des produits agricoles essentiels a chuté sensiblement. La hausse de la valeur relative des produits agricoles jusqu'en 1817 se confronte ainsi à une période de latéralisation en 1816-1820 pour finalement chuter de manière assez peu oscillatoire, et ce en dépit des règles protectrices de l'Angleterre. La laine et le lin subissent aussi une forte chute en dépit de mesures protectrices.

Une autre caractéristique empirique de ce phénomène nous est donnée par le foncier. Les résultats obtenus par Thomson[21] sur les revenus par acre montrent une augmentation du début du XVIIIe siècle jusqu'en 1818 pour atteindre 19 shillings par acre. Ces revenus connaissent ensuite une diminution oscillatoire jusqu'en 1849-1840 pour atteindre 18 shillings.

Une autre caractéristique empirique majeure est montrée à l'époque par l'établissement de nombreuses commissions par le Parlement anglais visant à mettre en place des mesures spéciales de soutien, preuve de l'état délabré de l'agriculture. Le travail de ces commissions a été mené en 1820-1822, puis en 1833 et 1836. Les causes, le caractère et l'ampleur de cette dépression ont été décrits par les nombreuses données qui ont été recueillies.

Le déclin de l'agriculture relatif au deuxième cycle long à partir de 1870 est détaillé de manière plus précise, contrairement au déclin observé dans le premier cycle long. Ce déclin s'observe dans la plupart des pays d'Europe et plus fortement encore aux États-Unis. Cette dépression de l'agriculture se traduit à la fois par le déclin des prix agricoles mais aussi par un déclin plus fort de ces prix en comparaison aux autres,

---

[21] Thomson R.J, "An Inquiry into the Rent of Agricultural Land in England and Wales during the Nineteenth Century", *Journal of the Royal Statistical Society*, 1907.

c'est-à-dire à un recul du pouvoir d'achat comme c'est le cas pour l'Angleterre.

Une fois de plus, cette baisse des prix agricoles se traduit par la baisse des revenus fonciers. Les données précédemment fournies par Thomson montrent que le revenu foncier par acre passe de 28 shillings par acre en 1872-1874 pour finalement descendre à 22 shillings en 1890-1892. Cela s'accompagne aussi par l'établissement de nouvelles commissions parlementaires spécialement destinées à l'étude de ce phénomène et à la mise en place de multiples mesures. Parmi ces commissions, mentionnons la Richmond Commission (1879-1882) et une deuxième établie en 1893. Les rapports et les données fournies par les commissions montrent les caractéristiques et les causes de ce déclin de l'agriculture.

Il nous semble enfin pertinent de préciser, d'après les données disponibles pour le monde capitaliste, que la période à partir de 1920 revêt les caractéristiques de la vague descendante du troisième cycle long avec les manifestations du déclin de l'agriculture. Ce déclin s'observe dans la plupart des pays d'Europe mais plus fortement encore aux États-Unis. De nouvelles commissions spéciales ont encore été mises en place en Angleterre et aux États-Unis, en 1921 et 1924, pour les mêmes raisons que précédemment.

XV – Caractéristiques empiriques : les cycles intermédiaires

La quatrième proposition est que les vagues longues appartiennent réellement au même processus dynamique dans lequel les cycles intermédiaires de l'économie capitaliste, avec leurs phases principales de croissance et de dépression, effectuent leur mouvement. Cependant, ces cycles intermédiaires assurent une certaine validité à l'existence des cycles longs. Il semble donc évident que le cycle long influence le déroulement des cycles intermédiaires. Notre étude démontre que durant la phase de hausse des cycles longs, les années de prospérité sont plus nombreuses, tandis que les années de dépression prédominent durant la phase baissière. Les données à notre disposition supportent cette proposition[22].

Phase du cycle long	Nombre d'années de croissance	Nombre d'années de dépression
Descendante 1822-1843	9	12
Ascendante 1843-1874	21	10
Descendante 1874-1895	6	15
Ascendante 1895-1912	15	4

---

[22] Cf. A.Spiethoff, « Krisen » *(Handwiirtcrbuch der Staalswisxenschaftcu*,4th edition).

Il semble donc clair que les années de dépression prédominent dans la phase de baisse du cycle long lorsque les périodes de prospérité prédominent dans la phase de hausse. Nous observons par ailleurs une dépression durable de l'économie mondiale depuis la crise de 1920 et les années de prospérité sont plus instables. Par conséquent, cette observation peut être interprétée d'une manière tout à fait pertinente en considérant l'existence de grands cycles longs, et si l'on considère ainsi que depuis 1920, nous sommes entrés dans la phase descendante du troisième cycle long.

XVI – La nature des cycles longs

Est-il possible de soutenir que l'existence de cycles longs dans les dynamiques de l'économie capitaliste soit prouvée sur la base des affirmations précédentes ? Les données pertinentes que nous avons pu citer couvrent environ 140 ans. Cette période comprend deux cycles et demi seulement. Bien que la période couverte par les données soit suffisante pour déterminer l'existence de vagues longues, ce n'est pas suffisant pour nous permettre d'affirmer sans aucun doute le caractère cyclique de ces vagues. Néanmoins, nous croyons que les données disponibles sont suffisantes pour affirmer le caractère cyclique comme étant très probable.

Nous sommes menés à cette conclusion non seulement par l'examen des éléments factuels, mais aussi parce que les objections à l'hypothèse de longues vagues cycliques sont très faibles.

Il a été objecté que les vagues longues manquent de régularité dont font preuve les cycles économiques. Mais cela est faux. Si l'on définit la « régularité » comme la répétition dans des intervalles de temps réguliers, alors les vagues longues possèdent cette caractéristique tout autant que les vagues intermédiaires. Une stricte périodicité dans les phénomènes économiques et sociaux n'existe pas du tout – ni dans les vagues longues ni dans les vagues intermédiaires. La durée des cycles intermédiaires fluctue au moins entre 7 et 11 ans, c'est-à-dire 57 pour cent. La durée des cycles longs fluctue entre 48 et 60 ans, c'est-à-dire 25 pour cent seulement.

Si la régularité est comprise comme étant la similarité et la simultanéité des fluctuations de différentes séries, alors la régularité des vagues longues est présente au même degré que dans les vagues intermédiaires.

Si, finalement, la régularité est comprise comme consistant dans le fait que les vagues intermédiaires sont un phénomène international, alors les vagues longues ne diffèrent pas des vagues intermédiaires à cet égard.

Par conséquent, il n'y a pas moins de régularité dans les vagues longues que dans les vagues intermédiaires, et si nous voulons désigner les vagues intermédiaires comme cycliques, nous sommes tenus de ne pas refuser cette caractérisation aux vagues longues.

Il a été souligné (par d'autres critiques) que les vagues longues – distinctes des vagues intermédiaires qui proviennent de causes dans le système capitaliste – sont conditionnées par des concordances, des évènements et des circonstances extra-économiques, tels que (1) les changements de techniques, (2) les guerres et les révolutions, (3) l'assimilation de nouveaux pays à l'économie mondiale, et (4) les fluctuations de la production d'or.

Ces considérations sont importantes. Mais elles aussi ne sont pas valables. Leur faiblesse tient au fait qu'elles inversent les liens de causalité et prennent la conséquence pour être la cause, ou voient un accident là où nous devons réellement traiter d'une loi qui régit les évènements. Dans le paragraphe précédent, nous avons délibérément, bien que brièvement, envisagé l'établissement de quelques règles empiriques pour le mouvement des vagues longues. Ces régularités nous aident maintenant à évaluer correctement les objections que nous devons de mentionner.

1.   Les changements techniques ont sans aucun doute une influence très puissante sur le cours du développement capitaliste. Mais personne n'a prouvé qu'ils avaient un caractère accidentel ou une origine externe.

Les changements dans la technique de production présupposent (1) que les découvertes et les inventions pertinentes ont été faites, et (2) qu'il est économiquement possible de les utiliser. Ce serait une erreur évidente de nier l'élément créatif des découvertes techniques et des inventions. Mais d'un point de vue objectif, on commettrait une erreur encore plus grande si l'on croyait que la direction et l'intensité de ces découvertes étaient entièrement accidentelles ; il est beaucoup plus probable que cette direction et cette intensité soient fonction des nécessités de la vie réelle et du développement précédent de la science et de la technique[23].

---

[23] L'un des arguments les plus convaincants en faveur de l'hypothèse selon laquelle les inventions et les découvertes scientifiques et techniques ne sont pas le fruit du hasard mais sont intimement liées aux besoins de la vie pratique, au regard des nombreux exemples dans lesquels les mêmes inventions et découvertes sont réalisées au même moment, en des lieux dif-

Ainsi, l'existence d'inventions n'est pas nécessairement suffisante pour qu'un changement ait lieu dans la technique de production. Les inventions peuvent exister mais rester inappliquées si les conditions économiques nécessaires à leur développement ne sont pas réunies. Par exemple, les inventions techniques et scientifiques du XVIIe siècle et du début du XVIIIe siècle ne furent largement appliquées qu'à partir de la période de la révolution industrielle de la fin du XVIIIe siècle. Dans ce cadre, nous ne sommes pas fondés à concevoir les changements dans les techniques comme aléatoires et ayant une origine externe. Le développement de la technique est relié à la dynamique rythmique des cycles longs.

2.   Les guerres et les révolutions influencent aussi le cours du développement économique de manière très forte. Mais les guerres et les révolutions ne tombent pas du ciel, et elles ne sont pas causées par des actes arbitraires de personnalités individuelles. Elles prennent leur origine de circonstances réelles, notamment économiques. L'hypothèse selon laquelle les guerres et les révolutions agissant de l'extérieur provoquent des cycles longs soulève la question de savoir pourquoi elles se succèdent elles-mêmes avec régularité et seu-

---

férents et de manière totalement indépendante les uns des autres. Cf. la longue liste de tels exemples dans W.F. Ogburn, *Social Change* (New York, 1924), p. 90. Cf. également Dannemann, *Die Naturwissenschaften in ihrer Entwickelung und in ihrem Zusammenhange* (Leipzig, 1923).

lement durant la hausse des cycles longs. Beaucoup plus probable est l'hypothèse selon laquelle les guerres trouvent leur origine dans l'accélération du rythme et l'augmentation des tensions de la vie économique, dans l'intensification de la lutte pour les marchés et les matières premières, et que les chocs sociaux se produisent plus facilement sous la pression de nouvelles forces économiques.

Les guerres et les révolutions, par conséquent, peuvent aussi s'insérer dans le rythme des vagues longues et ne s'avèrent pas être les forces à l'origine de ces mouvements, mais plutôt l'un de leurs symptômes. Mais une fois qu'elles se sont produites, elles exercent naturellement une influence puissante sur le rythme et la direction de la dynamique économique.

3. En ce qui concerne l'ouverture de nouveaux pays à l'économie mondiale, il semble évident qu'elle ne peut être considérée comme un facteur extérieur qui expliquerait de manière satisfaisante l'origine des vagues longues. Les États-Unis, depuis un temps relativement très long, pour une raison ou une autre, n'ont commencé à être impliqués dans l'économie mondiale à grande échelle qu'à partir du milieu du XIXe siècle. De même, l'Argentine et le Canada, l'Australie et la Nouvelle-Zélande, ont été découverts bien avant la fin du XIXe siècle, bien qu'ils ne commencent à entrer dans l'économie mondiale de manière significative qu'à partir des années 1890. Il est

parfaitement clair historiquement que, dans le système économique capitaliste, de nouvelles régions sont ouvertes au commerce durant les périodes où le désir des anciens pays d'avoir de nouveaux marchés et de nouvelles sources de matières premières devient plus urgent que précédemment. Il est également évident que les limites de cette expansion de l'économie mondiale sont déterminées par le degré de cette urgence. Si cela est vrai, alors l'ouverture de nouveaux pays ne provoque pas la remontée du cycle long. Au contraire, un nouvel essor rend l'exploitation de nouveaux pays, de nouveaux marchés, et de nouvelles sources de matières premières nécessaire et possible, en ce sens qu'elle accélère le rythme du développement économique capitaliste.

4.   Il reste à savoir si la découverte de nouvelles mines d'or, l'augmentation de la production d'or, et l'augmentation conséquente du stock d'or peuvent être considérées comme un facteur extérieur occasionnel causant les vagues longues.

Une augmentation de la production d'or mène finalement à une hausse des prix et une accélération dans le rythme de la vie économique. Mais cela ne signifie pas que les changements dans la production d'or ont un caractère occasionnel et extérieur et que les vagues de prix dans la vie économique sont également le fruit du hasard. Nous considérons que cela n'est pas seulement non prouvé, mais positivement faux. Cette affirmation découle de la croyance, d'une part, que la découverte de mines d'or et le perfectionnement de la technique de production d'or sont accidentels et, d'autre part, que chaque découverte de nouvelles mines d'or et d'inventions techniques dans la sphère de la production d'or entraîne une augmentation de cette dernière. Cependant, aussi grand que puisse être l'élément créatif dans ces inventions techniques et la signification du hasard dans ces découvertes, elles ne sont pourtant pas accidentelles. Encore moins accidentelles – et c'est là le point essentiel – sont les fluctuations de la production d'or elle-même. Ces fluctuations ne sont en aucun cas fonction de l'activité des inventeurs et des découvertes de nouvelles mines d'or. Au contraire, l'intensité de l'activité des inventeurs et des explorateurs et l'application de l'amélioration technique dans le domaine de la production d'or, ainsi que l'augmentation résultante de cette dernière, dépendent d'autres causes plus générales. La dépendance de la production d'or à l'égard des inventions techniques et des découvertes de nouvelles mines d'or est seulement secondaire et dérivée.

Bien que l'or soit généralement reconnu comme un symbole de valeur et, par conséquent, est généralement désiré, ce n'est qu'une marchandise. Et comme toute marchandise, il y a un coût de production. Mais si cela est vrai, alors la production d'or –

même dans les mines nouvellement découvertes — peut augmenter de manière significative en devenant seulement plus rentable, c'est-à-dire si le rapport entre la valeur de l'or lui-même et son coût de production (et c'est en fin de compte le problème) devient plus favorable. Si cette relation n'est pas favorable, même les mines d'or dont la richesse n'est pas encore épuisée peuvent être fermées ; si ce rapport est favorable, en revanche, même les mines d'or relativement pauvres seront exploitées.

Quand est-ce que la relation entre la valeur de l'or et celle des autres matières premières est-elle la plus favorable à la production d'or ? Nous savons que les prix des matières premières atteignent leur niveau le plus bas vers la fin d'une vague longue. Cela signifie qu'à ce moment-là, l'or a son pouvoir d'achat le plus élevé, et que la production d'or devient la plus favorable. Cela peut être illustré par les chiffres du tableau 2.

La production d'or, comme on peut le voir à partir de ces chiffres, devient plus profitable à mesure que l'on s'approche du point bas du niveau des prix et d'un point haut du pouvoir d'achat de l'or (1895 et les années suivantes).

TABLE 2. — SELECTED STATISTICS OF GOLD MINING IN
THE TRANSVAAL, 1890–1913*

Year	Cost of production	Profit
	Per ton of gold ore	
1890	42 *sh.* 2 *d.*	7 *sh.* 2 *d.*
1895	33 *sh.* 5 *d.*	11 *sh.* 11 *d.*
1899	28 *sh.* 0 *d.*	14 *sh.* 3 *d.*
1903	24 *sh.* 9 *d.*	14 *sh.* 11 *d.*
1906	22 *sh.* 2 *d.*	11 *sh.* 6 *d.*
1913	17 *sh.* 11 *d.*	9 *sh.* 10 *d.*

* Cf. W. A. Berridge, "The World's Gold Supply," this
REVIEW, II (1920), p. 184.

Il est clair, par ailleurs, que l'incitation à l'augmentation de la production d'or devient nécessairement plus forte au fur et à mesure que la vague longue décroît. Nous pouvons supposer théoriquement que la production d'or doit généralement croître de façon plus marquée lorsque le cycle baisse le plus fortement, et vice-versa.

En réalité, cependant, le lien n'est pas aussi simple que cela mais devient plus compliqué, principalement en raison de l'effet des changements dans la technique de production de l'or et de la découverte de nouvelles mines. Il nous semble en effet que même les améliorations de la technique et les nouvelles découvertes d'or obéissent à la même loi fondamentale que la production d'or elle-même, avec plus ou moins de régularité dans le temps. Les améliorations dans la technique de la production d'or et la découverte de nouvelles mines d'or entraînent effectivement une baisse du coût de production de l'or ; elles influencent le rapport entre ces coûts et la valeur de l'or et, par conséquent, l'ampleur de la production d'or. Mais alors, il est évident qu'exactement au moment où le rapport entre la valeur de l'or et son coût devient plus défavorable qu'auparavant, le besoin d'améliorations techniques dans l'extraction de l'or et la découverte de nouvelles mines devient nécessairement plus urgent et stimule ainsi la recherche dans ce domaine. Il y a, bien sûr, un décalage dans le temps, jusqu'à ce que cette nécessité urgente, bien que déjà reconnue, débouche sur un succès positif. En réalité, donc, les découvertes d'or et les améliorations techniques dans le minage d'or atteindront leur apogée seulement lorsque la vague longue aura déjà passé son sommet, c'est-à-dire peut-être au milieu de la phase descendante. Les faits disponibles confirment cette supposition[24]. Dans la période après les années 1870, les découvertes suivantes ont été faites : 1881 en Alaska, 1884 dans le Transvaal, 1887 en Australie occidentale, 1890 dans le Colorado, 1894 au Mexique, 1896 dans le Klondike. Les inventions dans le domaine de la technique d'extraction de l'or, et en particulier les plus importantes de cette période (les inventions pour le traitement du minerai), ont également été réalisées au cours des années 1880, comme chacun le sait.

---

[24] Berridge, loc. cit., p. 181.

Les découvertes d'or et les améliorations techniques, si elles se produisent, influenceront naturellement la production d'or. Elles peuvent avoir pour effet que l'augmentation de la production d'or prenne effet un peu plus tôt qu'à la fin de la phase descendante du cycle long. Elles peuvent également favoriser l'expansion de la production d'or, une fois cette limite atteinte. C'est précisément ce qu'il se passe dans la réalité. Particulièrement après le déclin des années 1870, une augmentation persistante, quoique faible, de la production d'or commence vers l'année 1883[25] ; alors que, malgré l'influence perturbatrice des découvertes et des inventions, l'augmentation ne commence réellement que lorsque l'or a atteint son plus grand pouvoir d'achat ; et l'augmentation de la production n'est pas seulement due aux nouvelles découvertes dans le domaine de l'or, mais aussi, dans une large mesure, aux anciens gisements. Cette observation est illustrée par les chiffres du tableau 3.

TABLE 3. — GOLD PRODUCTION, 1890-1900
(*Unit: thousand ounces*)

	World total	Transvaal	United States	Australia	Russia	Canada	Mexico	India
1890......	5,749	440	1,589	1,588	1,135	65	737	9
1895......	9,615	2,017	2,255	2,356	1,388	101	290	230
1900......	14,838	3,638	3,437	4,461	1,072	1,029	411	412

Source: Berridge, *loc. cit.*, p. 182

De ce qui précède, on peut conclure, il nous semble, que la production d'or, même si son augmentation peut être une condition pour une progression du prix des matières premières et d'une

---

[25] Cf. *Statistical Abstract of the United States*, 1922, pp. 708-709.

reprise générale de l'activité économique, est cependant subordonnée au rythme des vagues longues et, par conséquent, ne peut être considérée comme un facteur occasionnel et aléatoire qui provoque ces mouvements de manière exogène.

XVII – Conclusions

Les objections au caractère cyclique régulier des vagues longues nous paraissent donc peu convaincantes.

Au regard de cet élément et en considérant également les raisons favorables développées ci-dessus, nous pensons que, **sur la base des données disponibles, l'existence de vagues longues au caractère cyclique est très probable**.

Dans le même temps, nous nous croyons fondés à dire que les vagues longues, si elles existent, sont un facteur très important et essentiel du développement économique, un facteur dont les effets se retrouvent dans tous les principaux domaines de la vie sociale et économique.

Même en admettant l'existence de vagues longues, on n'est évidemment pas disposé à croire que les dynamiques économiques consistent seulement dans des fluctuations autour d'un certain niveau. Le cours de l'activité économique représente sans aucun doute un processus de développement, mais il est évident que ce développement procède non seulement par des vagues intermédiaires mais aussi par des vagues longues. Le problème du développement économique dans son ensemble ne peut être discuté complètement ici.

En affirmant l'existence des vagues longues et en niant qu'elles résultent de causes aléatoires, nous sommes également d'avis que les vagues longues proviennent de causes qui sont inhérentes à l'économie capitaliste. Cela conduit naturellement à la question de la nature de ces causes. Nous sommes pleinement conscients de la difficulté et de l'importance de cette question ; mais dans l'étude précédente, nous n'avions pas l'intention de poser les bases d'une théorie appropriée des vagues longues[26].

Nous sommes également d'avis que les éléments de la vie économique capitaliste ne sont jamais dans un état d'équilibre parfait. Mais l'observation que la dynamique économique capitaliste, comme nous l'avons montré, dépend d'oscillations en vagues ascendantes puis descendantes, montre aussi que la dynamique capitaliste tend à un équilibre de sorte que les oscillations prennent effet autour de leur équilibre respectif pour chaque période donnée. En d'autres termes, la relation entre l'observation con-

---

[26] Je suis arrivé à l'hypothèse concernant l'existence des vagues longues dans les années 1919-1921. Sans entrer dans une analyse détaillée, j'ai formulé pour la première fois ma thèse générale peu après, dans mon étude intitulée *The World Economy and Economic Fluctuations in the War and Post-War Period* (M irovoje chozjajstvo i jego konjunklury vo vremja i posle vojny [Moscow, 1922]). Durant l'hiver et le printemps 1925, j'ai écrit une étude spéciale, *Long Waves in Economic Life*, qui a été publiée dans le volume de l'Institute for Business Cycle Research, Problems of Economic Fluctuations (Voprosy konjunktury, Vol. 1). Ce n'est qu'au début de l'année 1926 que j'ai pris connaissance de l'article de Salomon de Wolff «Prosperitäts-und Depressionsperioden», Der lebendige Marxismus, Festgabe zum 70. Geburtstage von Karl Kautsky. De Worlff sur beaucoup d'aspects a atteint le même résultat que moi. Les travaux de J. van Gelderns, que de Wolff cite et qui ont évidemment été publiés seulement en allemand, sont inconnus pour moi.

crète, chiffrée et oscillante, des éléments de la dynamique économique capitaliste et leur rôle d'équilibre est comparable à la relation globalement admise qui existe entre le prix du marché et le prix de revient (prix naturel), entre le taux de profit individuel et le taux moyen, etc.

Dans ce cadre, les oscillations sous forme de vagues, c'est-à-dire les variations de la conjoncture de l'économie capitaliste, sont un processus de déséquilibre, une fois croissant, une fois décroissant, avec une déviation parfois plus grande, parfois plus faible, par rapport au niveau d'équilibre du système.

Mais cela soulève la question de savoir à quoi correspond ce niveau d'équilibre et quelles sortes d'altérations y sont possibles. Nous pensons que l'économie capitaliste ne traverse pas uniquement des oscillations en vagues. De manière synchrone, elle évolue et change continuellement. Le niveau d'équilibre de l'économie capitaliste évolue avec le développement de l'économie capitaliste. C'est-à-dire que le niveau d'équilibre de l'économie capitaliste est un niveau d'équilibre mobile, chaque période ayant un niveau d'équilibre qui lui est propre. Nous pensons qu'il s'agit d'une première remarque importante.

Par ailleurs, comme l'a montré Alfred Marshall, la notion d'équilibre économique nécessite de distinguer plusieurs catégories d'équilibre fonction de la longueur de la période que nous considérons, afin de comprendre le phénomène d'équilibre.

Dans le cas d'une période suffisamment courte dans sa durée, la production et donc l'offre de biens ne peuvent pas évoluer considérablement, s'étendre ou de réduire, l'offre et la demande peuvent alors être considérées comme des grandeurs économiques données et déterminées. Dans ces conditions, un équilibre se forme sur le marché entre l'offre et la demande, ce qui déterminera un niveau donné du prix du marché. Nous mentionnerons cet équilibre comme le premier équilibre.

Néanmoins, nous sommes également disposés à rappeler que ce niveau des prix d'équilibre entre l'offre et la demande peut différer du niveau des prix à la production. Le prix sera donc propice au développement de certains secteurs économiques, et un inconvénient pour d'autres. Le prix traduira l'accroissement de la production et de la consommation lorsqu'il est propice au développement d'un secteur, et à la réduction de la production et de la consommation dans le cas inverse. Les évolutions dans la production et dans la consommation se produisent nécessairement à partir d'une certaine durée. À partir d'une durée suffisamment longue, un changement du volume de la production basée sur le stock existant de facteurs essentiels (matériels, utilisation des terres, main-d'œuvre qualifiée…), mais pas assez longue pour que ce stock de facteurs se modifie, il en résultera une évolution dans le rapport entre l'offre et la demande. Un nouvel équilibre finira par s'établir entre l'offre et la demande, auquel va correspondre un niveau déterminé des prix du marché.

Ces prix d'équilibre ne traduiront plus seulement l'équilibre entre l'offre et la demande, mais l'équilibre entre les prix du marché et les prix à la production, mais encore l'équilibre des quantités produites et consommées dans les différents secteurs de l'économie. Cet autre équilibre est cependant fondé, comme nous l'avons mentionné, sur la même quantité de facteurs que le premier équilibre. Nous nous proposons de parler ici de deuxième équilibre.

Cependant, le stock de facteurs peut également évoluer si l'on prend une période suffisamment longue. Il s'ensuit une variation dans les quantités produites ou consommées dans certains secteurs, ainsi qu'une variation des prix à la production, de l'offre, de la demande, et ainsi des prix du marché. Finalement, sur la base de cette longue période, un nouvel équilibre entre l'offre et la demande se forme, déterminant un certain niveau des prix du marché. Cet équilibre sera non seulement un équilibre entre l'offre et la demande des quantités produites grâce aux forces productives mobilisées, mais ce sera aussi un équilibre entre la nouvelle répartition des facteurs essentiels à la production. Nous mentionnerons cet équilibre comme troisième équilibre.

Bien sûr, nous sommes disposés à rappeler qu'il ne s'agit que d'un modèle qui simplifie la réalité. Dans la réalité, il ne nous est pas aussi aisé de décomposer les dynamiques économiques selon des périodes différentes. Mais ce qui retient notre intérêt est d'abord le principe analytique et le fondement de l'idée que nous nous faisons de l'équilibre. De surcroît, ce modèle simplifié se fonde sur un ensemble d'éléments définis, ce qui nous permet de relier ce modèle avec l'origine des cycles longs.

Effectivement, nous devons reconnaître que les biens et les marchandises de la société capitaliste assurent leur fonction économique pendant des périodes de temps très différentes. Par suite, la fabrication de ces biens nécessite également des durées et des ressources très différentes. Certaines productions ne peuvent être assurées sans transformation que pendant une durée très courte. Généralement, ces mêmes productions ne nécessitent qu'une durée de temps relativement courte et peu d'investissements concentrés dans le temps. D'autres productions fonctionnent plus longtemps et nécessitent un temps plus long et des investissements plus conséquents, nécessitant la majorité des facteurs de production par exemple, etc. Une troisième catégorie de productions se détache encore, celle des facteurs de production, qui prend effet sur plusieurs dizaines d'années, et leur production nécessite du temps et des investissements. Il en est ainsi des grands bâtiments, des grandes lignes de chemin de fer, des canaux, des travaux d'aménagement, etc. Nous pourrions aussi ajouter dans cette catégorie la formation des cadres et de la main-d'œuvre qualifiée.

Il ne nous est bien évidemment pas possible d'établir des limites précises à ces différentes productions de biens et de marchandises. Mais nous pouvons affirmer que ces différents types existent, même avec des limites extensibles. Ainsi, Karl Marx soutenait que le fondement des crises périodiques qui se répètent chaque décennie, c'est-à-dire les cycles intermédiaires, est l'usure. Le remplacement et l'extension des facteurs de production, sous forme de machines qui servent en moyenne sur une décennie, permettent de supposer que les explications des cycles longs sont l'usure, et qu'on observe aussi que le remplacement et l'extension des facteurs de production nécessitent beaucoup de temps et des investissements conséquents. *Le remplacement et l'extension structurelle de ces biens ne sont pas progressifs et réguliers mais se font plutôt par coups et expriment l'existence des cycles longs de la dynamique économique.* La période de construction de ces facteurs de production essentiels est la vague ascendante du cycle long dans laquelle le niveau réel des éléments économiques augmente par rapport au niveau d'équilibre existant, en référence au troisième équilibre mentionné. Il s'agit aussi d'une période d'augmentation durable du développement économique, même si l'augmentation est interrompue par des oscillations de plus courte durée. À l'inverse, la période d'arrêt de la construction de ces facteurs essentiels est une période où le niveau réel des éléments économiques se rapproche de l'équilibre et descend en dessous. Mais nous devons rappeler que, lors du processus de développement d'un cycle, le niveau d'équilibre évolue et passe à un autre degré, le plus souvent supérieur.

Ainsi, les cycles longs représentent le processus de divergence du niveau réel des éléments de l'économie capitaliste par rapport à un niveau d'équilibre de l'économie (il s'agit du troisième équilibre mentionné, voire un équilibre encore supérieur), l'équilibre de l'économie changeant elle-même au cours du cycle long.

Si ce que nous avons dit ne confère pas encore l'explication des cycles longs, cela permet cependant de présenter un fondement pour l'élaboration d'un modèle théorique du développement des phases de ces cycles longs. Ce modèle nous confère malgré tout une image suffisamment fidèle et complète de la particularité du développement des cycles longs, tels que décrits empiriquement, ce qui nous permet de comprendre et d'expliquer les cycles longs d'une manière qui nous paraît satisfaisante. Nous proposerons donc la construction de ce modèle.

De ce que nous avons mentionné, il apparaît clairement que la vague ascendante du cycle long est liée au renouvellement et à l'extension des facteurs de production essentiels, ainsi qu'à un changement radical et une nouvelle recomposition des forces productives de la société. Mais ce processus suppose des quantités de capitaux importantes. Afin de se réaliser, il est donc indispensable de disposer d'un capital suffisant, ce qui n'est envisageable que sous certaines conditions. Une première condition est que l'accumulation du capital soit arrivée à un niveau qui est suffisamment élevé. Le processus d'accumulation peut se réaliser en partie en nature, et en partie en monnaie et dans l'acceptation vaste de ce terme. Mais l'importance de l'accumulation du capital déjà réalisée ne permet pas toutefois de disposer des fonds de capitaux nécessaires, qui permettraient de continuer à être dépensés pendant une décennie ou plus. La constitution d'investissements massifs et prolongés implique donc la présence d'une seconde condition : que le processus d'accumulation du capital soit durable, et ce à un rythme tel que sa courbe dépasse celle des investissements courants. Néanmoins, cette accumulation peut se produire à différents niveaux de l'économie capitaliste. Dès lors, si le capital accumulé était à l'état dispersé et diffus, d'importantes dépenses et la reconstruction radicale de l'économie seraient impossibles. Par conséquent, une troisième condition préalable aux deux autres conditions énoncées est que de telles reconstructions reposent sur une concentration du capital dans de grands centres de décision. Ainsi, le système du crédit et de la bourse contribue à cette concentration. Le crédit et la bourse englobent le capital en cours d'accumulation ou déjà accumulé tout en assurant une grande mobilité de ce dernier. Enfin, une dernière condition relative aux conditions précédentes est celle de la disponibilité suffisante des capitaux, c'est-à-dire l'abondance de « capital libre » et par conséquent la présence d'un coût raisonnable du capital.

Nous supposons désormais qu'à une période donnée, ces conditions sont réellement présentes. Nous expliquerons ultérieurement la réalisation de ces conditions. Mais si elles sont réunies, et si le capital est présent et assez intensément concentré, relativement disponible pour un coût abordable, un moment survient où des investissements massifs dans de grands équipements entraînent un changement des conditions de production et rendent le capital suffisamment rentable. Dans chaque période historique donnée, s'impulse alors une phase de reconstruction considérable dans laquelle les inventions techniques accumulées s'appliquent largement et où de nouvelles forces productives se créent. Toutes les conditions de la vie économique s'en trouvent bouleversées. Une vague ascendante du cycle long est impulsée. Ce mouvement ascendant et la croissance des forces productives impulsent une lutte pour les nouveaux marchés, et notamment les nouveaux marchés de matières premières. On assiste alors d'une part à l'élargissement du marché mondial, avec l'entrée de nouveaux pays et de nouvelles régions dans le commerce, et d'autre part à l'émergence de tensions dans les relations politiques internationales, ce qui induit les conditions propices aux conflits armés et aux conflits militaires. Dans le même temps, la croissance soutenue des nouvelles forces productives, stimulant l'activité des classes et des groupes qui y participent effectivement, génère les conditions favorables de la lutte contre les relations socio-économiques désuètes qui empêchent la croissance, ce qui induit des conditions favorables à de grands changements internes. Comme nous l'avons mentionné, cela explique la raison pour laquelle une augmentation durable de la dynamique économique est effectivement liée à d'importants changements dans le domaine de la production, ainsi qu'à des phases de guerres et des mouvements révolutionnaires plus fréquents.

Cependant, la structure même des vagues ascendantes qui a été décrite, dans les conditions propres au développement de cette vague, est aussi l'explication à l'empêchement de cette vague de se prolonger sans limites, et à partir d'une certaine durée, cela résultera mécaniquement dans un revirement et le début de la vague descendante. En effet, les investissements massifs dans de grands projets requièrent d'importants capitaux. La courbe de cette demande est à mettre en relation avec le niveau de l'accumulation, et elle finit par la dépasser. Il en résulte une tendance à l'enrichissement du capital, à la hausse du taux d'intérêt. La tendance se poursuit de manière renforcée. Cette tendance est aussi impulsée par la survenance des guerres à l'extérieur et des changements sociaux à l'intérieur. Ces évolutions augmentent la consommation non productive (guerres) et se traduisent par des destructions et un affaiblissement de l'accumulation du capital d'une part, et augmentent la demande de capitaux par ailleurs. Ces causes supplémentaires traduisent évidemment l'insuffisance grandissante de capitaux et l'augmentation de leur coût. Par conséquent, les conditions d'un revirement de la courbe de la dynamique économique et de son inflexion à la baisse sont impulsées. En raison du fait que la vague ascendante prend effet après un grand mouvement d'accumulation et d'investissements de longue durée dans les équipements essentiels et coûteux, la durée qui s'écoule pour absorber l'inertie du mouvement est assez longue avant que ne s'impulse une vague descendante. Mais cette vague descendante intervient irrémédiablement. L'ampleur des investissements dans les équipements essentiels s'amenuise et l'activité de la dynamique économique se tarit, et les prix baissent.

L'intervention de ce contexte dépressif dans la dynamique économique implique la recherche de moyens de production plus efficaces et la recherche des inventions techniques utiles à cet effet. Nous avions montré que la période de la vague descendante du cycle long était précisément caractérisée par des inventions techniques et des découvertes plus fréquentes. La croissance du taux d'intérêt sur le capital se trouve réduite. Et les conditions s'implantent même pour que le taux baisse. La cause de cette baisse est caractérisée par le fait que la demande de capitaux n'a plus de raisons d'excéder l'offre, car la quantité d'investissements se réduit et les facteurs qui réduisaient l'accumulation se tarissent. Cette baisse a aussi pour cause l'existence de facteurs d'accumulation renforcée de capitaux pour les entreprises bancaires ou industrielles et commerciales. L'accumulation est induite par les catégories et les groupes de la population qui ont des revenus fixes et qui profitent de la baisse des prix. Et cette baisse se fait parallèlement au détriment de l'agriculture.

Le fait caractéristique de la vague descendante est qu'elle englobe l'ensemble de l'économie, mais elle n'impacte pas l'économie de manière égale. Généralement, cet impact est plus marqué dans l'agriculture, en tout cas durant les périodes qui suivent le retournement de la dynamique économique. L'industrie a moins de constance et d'inertie que l'agriculture. Néanmoins, l'organisation industrielle est plus complexe et fragile que l'organisation agricole. Il s'ensuit que l'industrie est plus rapidement adaptée aux nouvelles conditions économiques qui se manifestent suite au changement de la dynamique économique, mais l'industrie est malgré tout plus impactée par les difficultés induites par les conflits militaires et sociaux à la fin de la vague ascendante. En revanche, l'agriculture est plus insensible à la dynamique économique et est moins exposée aux phénomènes destructeurs et aux évènements militaires et sociaux. Par conséquent, au moins lors de la première période d'une vague descendante, l'agriculture subit une dépression plus forte, les produits agricoles subissent une baisse plus forte, et leur valeur relative se réduit. Indiscutablement, il s'agit d'une caractéristique propice au développement de l'accumulation et de la concentration du capital dans les domaines de l'industrie, du commerce et des banques.

C'est ainsi qu'une tendance baissière se manifeste sur les facteurs étudiés, ce qui favorise l'accumulation et la concentration du capital qui commencent à prendre effet. Mais la courbe de l'ampleur de l'accumulation dépasse toujours plus largement la courbe de l'investissement. Le capital devient alors moins coûteux. De là sont régénérées les conditions nécessaires à une nouvelle expansion de la dynamique économique. Nous assistons habituellement à une intensification de ce phénomène en raison de l'afflux d'or nouveau. Effectivement, comme discuté précédemment, la progression de la baisse du niveau général des prix entraîne l'augmentation de la rentabilité de l'or, et les quantités extraites s'accroissent au moment de la baisse maximale des prix. En raison de l'afflux croissant d'or nouveau, l'intensité de capital à bas coût prédomine largement et, finalement à bout des difficultés, une nouvelle vague ascendante s'impulse.

Nous nous trouvons donc dans la description complète du cycle long à partir du point où nous avions débuté. Nous avons considéré l'accumulation durable du capital à bas coût comme une donnée, et nous voyons que cette observation dépend des phases précédentes du cycle long.

Afin de démontrer la répétition d'une accumulation de capital disponible plus ou moins forte dans le temps, nous aurions pu recourir à l'analyse de l'émission de capitaux nouveaux. Mais ces données ne nous sont pas disponibles pour une période suffisamment longue. Néanmoins, dans le cas qui nous intéresse, les données relatives à l'évolution des dépôts au sein des Caisses d'épargne sont révélatrices dans une certaine mesure. Ainsi, les données relatives aux Caisses privées d'épargne en France entre 1835 et 1914 montrent une remarquable régularité. Il apparaît, dans l'évolution des dépôts, que des cycles longs existent mais avec un caractère inverse à celui des prix, de l'intérêt du capital, etc. Les périodes des vagues ascendantes des cycles longs dans les dépôts correspondent aux périodes des vagues descendantes dans la dynamique économique et vice-versa. Autrement dit, c'est effectivement au moment où la vague descendante du cycle long atteint son plus bas que l'accumulation du capital disponible atteint son intensité maximale et vice-versa.

Notre exposé fait apparaître que le raisonnement présenté explique le processus à travers lequel se manifeste un cycle long, tel qu'il a été constaté empiriquement. Le modèle présenté montre que les cycles longs sont reliés à une logique propre. Nous ne pouvons donc strictement pas considérer telle ou telle caractéristique du cycle long comme une cause du cycle complet. Nous pouvons simplement affirmer que le rythme des cycles longs correspond au processus d'accroissement des facteurs de production indispensables à la société. Mais ce processus d'accroissement a un rythme, non pas relié à des principes métaphysiques, mais relié au processus d'accumulation et d'investissement du capital qui se déroule dans les conditions effectives de la société capitaliste (conformément à la cohérence des éléments que nous avons mentionnés), qui ne peut se dérouler sans limites et constamment au même rythme.

Il nous paraît clair, en conclusion, que l'hypothèse exposée à première vue fournit une explication suffisamment développée et satisfaisante des cycles longs. Pour conclure, nous pensons important de mentionner deux points essentiels.

D'abord, en lien avec l'hypothèse exposée, chaque phase successive d'un cycle résulte des conditions accumulées dans la période précédente de sorte que chaque nouveau cycle, si les caractéristiques de l'économie capitaliste se maintiennent, fait suite au précédent de la même manière que chaque phase de cycle succède à la précédente. Mais nous devons garder à l'esprit que chaque cycle long prend effet dans des contextes historiques concrets et nouveaux, ainsi qu'à un nouveau niveau de développement des forces productives et, par conséquent, que le nouveau cycle n'est pas une simple répétition du cycle précédent.

Enfin, en élaborant un principe du développement des cycles longs, nous avons négligé l'existence des cycles intermédiaires et les oscillations diverses de la dynamique économique qui rendent difficile l'évolution des conditions économiques. Il nous paraît nécessaire d'analyser également les cycles intermédiaires et les autres oscillations. Mais cela n'interviendrait pas dans le cadre de notre exposé.

Dossier documentaire
Biographie[27]

La vie de Nikolaï Kondratiev pourrait être un roman à elle seule. Une vie de voyages, d'aventures, de craintes et d'ambitions, de consécrations et d'humiliations. Une de ces vies dont la réussite est amputée par l'instabilité du destin, mais dont la prospérité est assurée par triomphe de l'audace, de la curiosité, et des temps troublés. Son regard vif, si singulier, est aussi limpide que ses observations. Cette vie est l'incarnation de l'ambiance qui règne dans une Russie avide de révolution, pour le meilleur et pour le pire. Sa vie, c'est aussi la combinaison de concordances énigmatiques dont l'augure ne fut que plus brusque le jour de sa mort. Sa mort, c'est Staline qui l'a voulue. Mais son destin, c'est lui qui l'a porté avec brio…

Je dois dire que bien rares sont les économistes dont on ressent une véritable contemplation à conter leur vie… Mais cette vie mérite de loin d'être relatée.

---

[27] Les recherches sur la vie de Nikolaï Kondratiev combinent de nombreuses sources, à commencer par le site russe *Liste Ouverte* qui est une base de données offrant des informations complètes sur les victimes de la répression politique en URSS. Attention : les informations présentes dans cette biographique ne sont pas toutes vérifiées, bien qu'elles soient corroborées par diverses sources. Lire plus : <u>Kondratyev Nikolay Dmitrievich (1892) — Liste ouverte (openlist.wiki)</u>.

Figure 1 – Nikolaï Kondratiev avec sa femme Eugenia, ses parents et son frère Sergueï

Nikolaï Dmitrievitch Kondratiev naît le 4 mars 1892, dans l'oblast d'Invanovo (et plus particulièrement dans le petit village de Galuevskaya), dans ces régions adjacentes à Moscou. Il naît dans une famille de paysans dont il est l'aîné des dix enfants qui la composeront bientôt. On apprend que son père dirigeait à la fois la ferme et travaillait dans une usine. Nikolaï commence ses études à l'école paroissiale, puis à l'église et au séminaire des enseignants du village de Khrenovo, dans l'oblast de Vladimir voisin à sa région natale. Il se révèle un étudiant brillant. Là, il y rencontre un certain Pitirim Sorokin, dont l'importance dans sa vie sera déterminante. Il faut d'abord dire que l'adolescence de Nikolaï Kondratiev est une adolescence mouvementée, d'une époque où l'arrivée dans le monde réel était souvent bien plus précoce qu'aujourd'hui.

À l'âge de 13 ans (1905), le jeune Nikolaï rejoint le Parti des socialistes-révolutionnaires, probablement sous l'influence de ses amis, sans pour autant connaître les motivations intimes qui l'ont poussé à ce choix. Mais en 1906, lui et son ami Sorokin sont emprisonnés pendant près de 7 mois dans la ville de Kineshma (oblast Ivanovo) pour leurs idées révolutionnaires. Un premier emprisonnement annonciateur d'ascensions et de tragédies bien répétitives. En 1908, à l'âge de 16 ans, il se pose finalement à Saint-Pétersbourg pour suivre d'abord un enseignement général. Mais, épris de curiosité, il réussit à entrer avec un ami à l'Institut de psycho-neurologie alors dirigé par un certain Bekhterev[28], qui a en outre reçu les enseignements du Français Charcot. Il est finalement transféré à la faculté de droit de Saint-Pétersbourg…

---

[28] Bekhterev meurt empoisonné à l'âge de 70 ans sur l'ordre de Staline.

Figure 2 – Photo de Nikolaï Kondratiev parmi les étudiants de droit de l'Université de Saint-Pétersbourg (à droite)

Il poursuit donc ses études en économie et en statistiques à l'Université de Saint-Pétersbourg. C'est là que son esprit sera forgé à la question des cycles. Son maître n'est autre que l'Ukrainien Mikhail Tugan-Baranovsky (1865-1919), ou encore le sociologue Leon Petrazycki connu pour ses conceptions sur la loi (1867-1931). Tugan-Baranovsky est un économiste ukrainien qui, après avoir fait un voyage à Londres en 1891 et étudié diverses données statistiques, a conforté l'idée de l'existence de cycles économiques. En 1894, il publia un livre intitulé *Les crises industrielles dans l'Angleterre contemporaine, leurs causes et leurs influences sur la vie nationale.* L'inspiration des travaux de Nikolaï

Kondratiev est avant tout inscrite dans le courant de la pensée économique.

C'est dans ce contexte que le jeune Nikolaï Kondratiev renforce son appartenance au Parti socialiste révolutionnaire, essentiellement paysan et réticent au communisme radical.

Figure 3 - Photo de Nikolaï Kondratiev publiée dans l'article « Le Seigneur des cycles » de Lisa Neinhaus (25/09/2013). Source : www.faz.net

En 1915, il a 23 ans déjà. Il rédige alors son premier essai socio-économique sur le développement de l'économie du Kineshem dont il est familier. Il publia aussi en janvier 1917 un article sur la crise alimentaire et la nécessité d'organiser l'économie, dans lequel il défend l'impératif d'une régulation étatique systématique. Comme beaucoup d'habitants de Saint-Pétersbourg en ce mois de février 1917, il est porté par la révolution. C'est ainsi qu'en 1917, à 25 ans tout juste, il est promu adjoint du ministre du Ravitaillement au sein du gouvernement de Lvov et Kerenski. Mais la révolution d'Octobre 1917 et le coup d'éclat des bolcheviques le mettent à l'écart de sa première grande fonction. Pitirim Sorokin nous dit aussi que Nikolaï Kondratiev aurait été emprisonné dans un camp de concentration durant moins d'un mois en août 1920, et un certain Ivan Teodorovich aurait agi en sa faveur pour le libérer (membre du conseil du Commissariat du peuple à l'agriculture, personnage que l'on retrouve plus tard dans les purges de Staline en même temps que Kondratiev).

En octobre 1920, à l'âge de 28 ans, il prend la tête de l'Institut de la Conjoncture de Moscou fraîchement créé. L'objectif de ce centre de recherche fondé par Nikolaï Kondratiev n'est autre que l'étude des cycles économiques. À sa création, l'Institut ne compte que 5 personnes (lui, trois statisticiens et un adjoint). En 1923, l'institution compte pas moins d'une cinquantaine de chercheurs. Un succès pour lui, pour la science économique et, dans une moindre mesure, pour son pays. À titre personnel, il vit désormais dans le centre de Moscou (dans la rue actuelle Tverskaya au n°6, à deux kilomètres de la Place Rouge).

Alors qu'il se forge une réputation, il est aussi en faveur de la Nouvelle politique économique (NPE) de Vladimir Lénine lancée en 1921. L'objectif de cette politique était de libéraliser temporairement l'économie russe en ouvrant partiellement l'économie à un mode de production capitaliste pour rattraper le retard économique accumulé. Plusieurs mesures sont adoptées, comme l'arrêt de confiscation des productions agricoles avec l'instauration d'une taxe, l'ouverture du commerce, etc. Le plan devait suivre les théories de Karl Marx, selon lesquelles le socialisme ne pourrait pleinement s'accomplir qu'à partir d'une production suffisamment abondante. Une sorte de capitalisme d'État provisoire dans lequel les banques et l'industrie demeuraient contrôlées par l'État, et où l'expansion de l'agriculture assurait le minimum vital de croissance. Cette politique permettra effectivement un certain redressement de l'économie. Le soutien de Nikolaï Kondratiev à la NPE n'est pas sans intérêt, car cette politique économique accompagna la majeure partie des années 1920. C'est en 1928 que Staline décide d'un grand tournant économique en abandonnant la NPE, et avec elle, les têtes pensantes de cette politique.

En 1922, Nikolaï Kondratiev publia les premiers travaux, dont un article majeur, « L'économie mondiale et ses conjonctures durant et après la Guerre ». C'est à partir de 1924 et 1925 que ses écrits prennent un tournant décisif sur la question des cycles (*Les cycles économiques majeurs*, 1925).

C'est à compter de 1924 que Nikolaï Kondratiev, fort de ses premières publications, entame une série de voyages. Il part ainsi pour l'Angleterre, l'Allemagne, le Canada puis les États-Unis. Dans son voyage, il visite de nombreuses universités, comme celle du Minnesota en 1927, accompagné du sociologue Pitirim Sorokin, qui a immigré aux États-Unis en 1923. Son éternel ami Pitirim Sorokin, de trois ans son aîné, tente alors de le convaincre de ne pas retourner à Moscou.

Figure 4 – De gauche à droite : Nikolaï Kondratiev, sa femme, Elena Sorokin, Pitirim Sorokin. Minnesota, 1927

Mais les idées de Nikolaï Kondratiev dérangent les projets économiques dirigistes de Joseph Staline. Les voyages à l'étranger sont un élément aggravant à son dossier en Russie. Sa visite à l'Université du Minnesota sera la dernière. En 1968, le sociologue américain Carl Clark Zimmerman (1897-1983), qui était alors membre de l'Université du Minnesota, écrit[29] :

---

[29] Carl Clark Zimmerman : *Sorokin, the World's Greatest Sociologist (1968),* Université de Saskatchewan.

« *Kondratieff, économiste agricole et étudiant les cycles économiques, visita le Minnesota en 1927 et séjourna avec Sorokin. Un certain nombre d'éminents scientifiques américains étaient pro-communistes à l'époque. L'un d'eux était forestier sur le campus de l'agriculture où j'avais un bureau. Il m'a reproché de m'être associé à Sorokin et Kondratieff et m'a dit qu'il allait envoyer un rapport sur Kondratieff en Russie. Plus tard, j'ai appris que Kondratieff avait été arrêté immédiatement après son retour en Russie après son voyage pour visiter des universités américaines. Cependant, il n'a pas reçu le "traitement" final jusqu'aux purges staliniennes de 1931.* »

On ne saura jamais si Nikolaï Kondratiev a véritablement été l'objet d'une machination pro-communiste dans le pays du capitalisme. Malgré tout, son retour à Moscou marqua le début de sa mise à l'écart du pouvoir. En avril 1928, Nikolaï Kondratiev est démis de ses fonctions de l'Institut de la Conjoncture. Peu après, il est retiré du ministère des Finances et l'Institut de la Conjoncture est rattaché à la direction centrale de statistique, organe d'études statistiques des Soviétiques. La chute de Nikolaï Kondratiev fut rapide, humiliante, et assurément politique.

Les extraits que nous avons mentionnés en préface montrent à quel point les Soviétiques percevaient la théorie des cycles comme un affront aux théories marxistes. En juillet 1930, il est arrêté sous prétexte d'appartenir au parti postiche des paysans travaillistes. Peu avant son arrestation, il réussit à faire parvenir une lettre secrète à son ami Pitirim Sorokin via la Finlande[30]. Il écrit :

> *« Je suis mis dans une situation désespérée. Une vague de persécutions sans précédent se déploie. Il y a de la terreur. Dans les villes, la violence et l'intimidation ; les intellectuels sont tenus de se repentir publiquement, de renoncer à toutes leurs opinions, à leur soumission, etc. La panique est omniprésente. Les suicides sont en hausse rapide. La plupart abandonnent. Il n'y en a que quelques-uns qui refusent, et leur sort est terrible. Je suis l'un d'entre eux, et ma situation est pire que celle de n'importe qui d'autre. Maintenant, ils m'ont privé de tout mon travail. Dans nos conditions, c'est la famine. Dans un avenir proche, si je n'abandonne pas, ce sera infiniment pire. Quoi exactement, je ne sais pas, mais ça peut être n'importe quoi, absolument n'importe quoi…*
>
> *J'espère que vous me comprendrez, que vous laisserez tout tomber et que vous ferez tout ce que seule une personne peut faire. Il s'agit littéralement de mon salut physique et moral. »*

Il est condamné en 1932 à 8 ans de prison pour « *création et direction du Parti paysan ouvrier*[31] », une sorte de Parti postiche qui servait à épurer. Les accusations du NKVD étaient aussi sommaires que la violence des conditions de vie. Dès le 2 août 1930, Joseph Staline en personne prend la main de l'affaire.

---

[30] Source : <u>ru.openlist.wiki</u>

[31] D'après les protocoles d'interrogatoire de N.D. Kondratiev dans le cas du Parti paysan travailliste. Lundi 4 août 1930 | Documents du XXe siècle (doc20vek.ru)

Dans une lettre du 6 août 1930[32] adressée à V.M. Molotov (chef du gouvernement de l'URSS à partir de la fin 1930, un des responsables des purges), Staline écrit :

> *« 3) Je pense que l'enquête sur le cas de Kondratiev-Groman-Sadyrin doit être menée avec toute la rigueur, sans hâte. C'est une question très importante. Tous les documents sur cette affaire devraient être distribués aux membres du Comité central. Je ne doute pas qu'un lien direct (par l'intermédiaire de Sokolnikov et Teodorovich) entre ces messieurs et la droite (Boukharine, Rykov, Tomski) sera révélé.* **Kondratiev, Groman[33] et quelques canailles doivent être abattus.** *»*

Dans une autre lettre du 2 septembre à Molotov, Joseph Staline évoque de nombreux sujets, comme la démission de l'homme politique Tomski, la gestion de la Banque d'État, etc. Mais il évoque aussi la possibilité de traduire Nikolaï Kondratiev devant les tribunaux ainsi que les communistes qui l'ont aidé, soulignant que Kondratiev et les autres devraient enfin reconnaître *« la justesse de la méthode de collectivisation »*.

> *« 2) La clarification dans la presse de "l'affaire" de Kondratiev n'est souhaitable que si nous avons l'intention de transférer cette "affaire" à la cour. Sommes-nous prêts pour cela ? Jugeons-nous nécessaire de transférer "l'affaire" au tribunal ? C'est peut-être difficile à*

---

[32] Kondratyev Nikolay Dmitrievich (1892) — Liste ouverte (openlist.wiki)

[33] Vladimir Groman (1874-1940) était un économiste au centre de planification et de l'administration statistique centrale.

faire sans procès. Au fait : les accusés ne pensent-ils pas à admettre leurs erreurs et à se cracher décemment politiquement, tout en reconnaissant à la fois la force du pouvoir soviétique et la justesse de la méthode de collectivisation ? Ce ne serait pas mal.

3) Je suis d'accord pour traduire en justice les communistes qui ont aidé les Groman-Kondratiev, mais qu'en est-il de Rykov (qui les a sans aucun doute aidés) et de Kalinine (qui était clairement empêtré dans cette "affaire" par la canaille Teodorovich) ? »

C'est en septembre 1938 que son exécution est prononcée alors que sa peine de prison touchait à son terme. Dans sa dernière lettre adressée à sa fille, comme elle est rapportée en anglais dans le livre *The Whisperers : Private Life in Stalin's Russia* (2008), Nikolaï Kondratiev donne un témoignage émouvant d'un père de famille. Il écrit :

« *Ma douce chérie,*

Vos vacances sont probablement terminées maintenant et vous êtes de retour à l'école. Comment avez-vous passé l'été ? Êtes-vous devenus plus forts, avez-vous pris du poids, avez-vous bronzé ? J'ai très envie de savoir. Et j'aimerais beaucoup, beaucoup te voir et t'embrasser beaucoup, beaucoup de fois. Je ne me sens toujours pas bien, je suis toujours malade. Ma douce, je veux que tu ne tombes pas malade cet hiver. Je veux aussi que tu étudies dur, comme tu le faisais avant. Lis de bons livres. Sois une petite fille intelligente et gentille. Écoute ta mère et ne la déçois jamais. Je serais également ment heureux si tu réussissais à ne pas m'oublier, ton papa, entièrement. Eh bien, sois en bonne santé ! Sois heureuse ! Je t'embrasse sans fin.

Ton papa. »

Figure 5 – Nikolaï Kondratiev et sa fille Elena, 1926

*Figure 6 – Nikolaï Kondratiev avec sa femme
lors de son voyage d'affaires aux États-Unis*

Figure 7 – Lettre de Joseph Staline le 6 août 1930 à Molotov, conservée aux archives d'État russes (RGASPI F.558)

Table des matières

Préface par Thomas Andrieu 5

I – Introduction 12

II – Sur les cycles industriels et les cycles courts 14

III – Considérations théoriques 16

IV – Méthode 18

V – Niveau moyen des prix 20

VI – Le taux d'intérêt 24

VII – Les salaires 28

VIII – Le commerce extérieur 30

XIX – La production et la consommation de charbon et de fonte brute, et la production de plomb. 33

X – Autres séries 37

XI – Résultats statistiques 38

XII – Caractéristiques empiriques : l'innovation 43

XIII – Caractéristiques empiriques : les guerres et les révolutions 49

XIV – Caractéristiques empiriques : le déclin de l'agriculture 53

XV – Caractéristiques empiriques : les cycles intermédiaires 56

XVI – La nature des cycles longs 58

XVII – Conclusions 70

Dossier documentaire – Biographie 87

Suivez **JDH Éditions** sur les réseaux sociaux
pour en savoir plus sur les auteurs,
les nouveautés, les projets…

Inscrivez-vous à notre Newsletter sur
www.jdheditions.fr
Pour recevoir l'actualité de nos nouvelles
parutions